D1931689

Wie schreibe ich einen Aufsatz?

Erzählungen - Nacherzählungen - Briefe - Beschreibungen - Berichte - Inhaltsangaben - Testaufgaben

Ein Übungsbuch in Deutsch für die 5. und 6. Jahrgangsstufe

von
Gerhard Kempf
Günter Kübler
Bernd Meierhöfer

manz

MANZ VERLAG MÜNCHEN

Herausgegeben von Dr. Hermann Bendl

Die Deutsche Bibliothek – CIP-Einheitsaufnahme

Kempf, Gerhard:
Wie schreibe ich einen Aufsatz?: Ein Übungsbuch in Deutsch für die . . . / von Gerhard Kempf; Günter Kübler; Bernd Meierhöfer. – München: Manz.
Jg.-Stufe 5 und 6. Erzählungen – Nacherzählungen – Briefe – Beschreibungen – Berichte – Inhaltsangaben – Testaufgaben. – 2. Aufl. – 1994
ISBN 3-7863-0661-3

Manzbuch 661

6 5 4 3 2 1997 96 95 94
(Die jeweils letzte Zahl bezeichnet die Auflage bzw. das Erscheinungsjahr)

© 1992 by Manz Verlag München. Alle Rechte vorbehalten.
Umschlagentwurf: Atelier Harmsen, München
Zeichnungen: Karl Ecke, München
Gesamtherstellung: Verlag und Druckerei G.J. Manz AG, München / Dillingen

Printed in Germany

ISBN 3-7863-0661-3

Inhaltsverzeichnis

Vorwort

Mit kleinen Schritten zum Erfolg

Du kannst mit diesem Aufsatzbuch für die 5. und 6. Jahrgangsstufe lernen, wie man

- einen Aufsatz richtig anfertigt,
- seine Kenntnisse im Aufsatzschreiben verbessert
- und künftig keine Angst mehr vor einem Aufsatz haben muß.

Deshalb ist jedes Kapitel in einzelne Lernschritte untergliedert. Du erarbeitest dir hier spielerisch an einfachen Textbeispielen, motivierenden Zeichnungen und übersichtlichen Schaubildern die Merkmale einer jeden Aufsatzform. Schritt für Schritt wirst du so zu eigenen Ergebnissen geführt, die du mit denen im Lösungsheft vergleichen kannst.

... und so arbeitet man mit dem Buch

Jedes Kapitel beginnt mit einfachen Aufgaben. Die zugehörigen Arbeitsaufträge sind leicht verständlich, der Schwierigkeitsgrad wird langsam gesteigert. Die Arbeitsergebnisse sollst du auf einen großen Block oder direkt ins Buch schreiben. In Verbindung mit weiteren Übungsbeispielen lernst du dabei gezielt die Merkmale der jeweiligen Aufsatzform kennen. Diese werden danach in Merkkästen übersichtlich zusammengefaßt. An allen diesen Stellen taucht dabei der „schlaue Fuchs" auf.

Eine echte Lernhilfe für alle Schüler

Dieses Buch ist ein Arbeitsbuch zum spielerischen Erlernen verschiedener Aufsatzformen. Insgesamt gesehen soll es eine echte Lernhilfe für alle sein, die ihre Leistungen im Aufsatzschreiben steigern wollen. Du kannst dir die dazu nötigen Kenntnisse mit diesem Buch selbständig und ohne fremde Hilfe erarbeiten.

Ein Aufgabenteil für den Übertritt an weiterführende Schulen rundet das Buch ab.

Wir wünschen dir viel Freude und guten Erfolg bei der Arbeit mit diesem Aufsatzbuch.

Die Verfasser

1. Kapitel

Erlebniserzählungen

Wie wir einmal von einem Gewitter überrascht wurden
Wie mir einmal eine besondere Überraschung gelungen ist

Lernziele:

Ein zum Thema passendes Erlebnis finden
Eine Erlebniserzählung in Einleitung, Hauptteil und Schluß gliedern
Den Hauptteil ausführlich gestalten
In Erzählschritten zum Höhepunkt führen
Die richtige Zeitform wählen (1. Vergangenheit)
Spannung und Lebendigkeit durch die wörtliche Rede erzeugen
Schreiben, was handelnde Personen denken und fühlen
Treffende Wörter und Ausdrücke gebrauchen
Einen eigenen Text von Erzählschritten zum Erlebnisaufsatz ausgestalten

Die Erlebniserzählung

Es handelt sich hier um eine Aufsatzart, bei der ein Erlebnis erzählt wird. Da es für alle Formen der Erzählung gewisse Merkmale gibt, die allgemein zu beachten sind, sollst du diese am Beispiel der Erlebniserzählung kennenlernen.

1 Wie finde ich ein Erlebnis?

Nehmen wir einmal an, dir wird das Thema gestellt:

„Wie wir einmal von einem Gewitter überrascht wurden."

Zuerst liest du das Thema mehrmals durch und überlegst, ob dir aus der Erinnerung dazu eine Geschichte einfällt. Du kannst dir selbst die Frage stellen: Wann und wo habe ich einmal ein Gewitter erlebt? Die folgenden Bilder zeigen dir Gewittersituationen auf.

Vielleicht ist dir jetzt wieder ein Erlebnis eingefallen. Schreibe das Thema auf deinen Block.

....

Bevor du mit deiner Erzählung beginnst, mußt du noch einmal das Thema genau anschauen. Achte dabei auf jedes einzelne Wort!

Drei Wörter aus dem dir gestellten Thema: „Wie wir einmal von einem Gewitter überrascht wurden" sind außer dem Begriff „Gewitter" für deine Erzählung noch wichtig:

1. wie *2. wir* *3. überrascht*

Was bedeutet dies für deine Erzählung?

Zu 1: „Wie", das bedeutet, du mußt Antwort geben auf die Frage, auf welche Art und Weise euch das Gewitter überrascht hat.

Zu 2: „Wir", das heißt, du warst nicht allein. Wer war noch dabei? Deine Klassenkameraden? - Ein Freund? - Dein Hund?

Zu 3: „überrascht". Was bedeutet dieses Wort? Du hast nicht mit dem Gewitter gerechnet, es kam plötzlich und unerwartet. Du warst nicht darauf vorbereitet.

Du hast gesehen, daß es wichtig ist, sich zunächst mit dem Thema auseinanderzusetzen. Das ist er erste Schritt.

Du sollst dies nun einmal an einem anderen Thema üben:

„Wie mir einmal eine besondere Überraschung gelungen ist."

Befrage dich selbst: Wann und wo ist dir einmal eine besondere Überraschung gelungen? Notiere stichpunktartig!

____

____

Welche Wörter aus dem gestellten Thema sind noch wichtig?

1. ____________ 2. ______________ 3. ____________

Was bedeuten diese Wörter für deinen Aufsatz?

.... (Lh: S. 2, Nr. 1)

1. Lernschritt

Wie finde ich ein Erlebnis?

- Lies das gestellte Thema *mehrmals* durch!
- Versuche durch Nachdenken *ein* Erlebnis zu finden!
- Befrage das Thema nach besonders wichtigen Begriffen und finde ihre *Bedeutung* heraus.

2 Wie gliedere ich die Erzählung?

Sicherlich hast du bereits gelernt, daß die Erzählung in drei Hauptabschnitte eingeteilt wird, die du durch entsprechende Absätze (Einrückungen) kenntlich machen mußt. Es sind dies: Einleitung – Hauptteil – Schluß.

2.1 Die Einleitung

Wenn du das Wort Einleitung sprachlich genau betrachtest, erkennst du auch die Bedeutung für den Aufsatz. Die Einleitung soll in deinen Aufsatz einleiten, sie soll zum Hauptteil hinführen.

Du findest nun vier Einleitungen zum Thema:

„Wie wir einmal von einem Gewitter überrascht wurden."

Welche der folgenden Einleitungen hältst du für nicht geeignet? Warum? Welche Einleitungen führen zum Hauptteil hin?

1. Beispiel:

In den letzten Sommerferien durfte ich allein zu meinem Onkel nach Kochel am See fahren. Ich freute mich riesig, denn ich wußte, daß Karl, der Sohn des Nachbarn von meinem Onkel, zu Hause war, und darauf wartete, daß ich endlich anreiste.

2. Beispiel:

Letzten Sommer besuchte ich wieder meinen Freund Karl, der in Kochel am See wohnt. Bei einer Bergwanderung gerieten wir unerwartet in ein schreckliches Gewitter, das wir aber gut überstanden.

3. Beispiel:

Schon lange wollte ich wieder einmal meinen Freund Karl in Kochel am See besuchen, denn wir waren Freunde und hatten schon viel gemeinsam erlebt. Endlich, in den letzten Sommerferien war es soweit.

4. Beispiel

Als ich letztes Jahr im Urlaub in Kochel am See war, machte ich mit meinem Freund eine Bergwanderung. Beim Heimweg vom Herzogstand ins Tal überraschte uns ein heftiges Gewitter. Wir waren froh, daß wir an einer Hütte vorbeikamen und uns unterstellen konnten.

.... (Lh: S. 2, Nr. 2)

Du hast sicherlich richtig erkannt, daß zwei der Einleitungen zuviel vom eigentlichen Erlebnis verraten, so daß es nicht mehr gelingen wird, im Hauptteil beim Leser Spannung zu erzeugen oder aufrechtzuerhalten. Es ist wichtig, daß du nichts Wesentliches aus dem Hauptteil vorwegnimmst, da sonst beim Leser keine Spannung mehr aufkommt. Die Einleitung soll zum Hauptteil hinführen, seinen Inhalt jedoch nicht verraten.

Was in die Einleitung gehören kann

Die Einleitung kann Antwort geben auf die Fragen: *Wer? Wo? Wann?* Sie enthüllt Fragen nach den Personen, nach dem Ort und nach der Zeit. Überprüfe dies einmal an den gelungenen Einleitungsbeispielen.

Beispiel 1: Wer? ____________ Wo? ____________ Wann? ____________

Beispiel 3: Wer? ____________ Wo? ____________ Wann? ____________

(Lh: S. 2, Nr. 3)

2.2 Der Hauptteil

Die Einleitung eröffnet dir, wie du erkannt hast, den Zugang zum Hauptteil. Der Leser ist nun neugierig auf deine Geschichte, die jetzt im Hauptteil ausführlich dargestellt wird. Im Hauptteil führen wir nun Schritt für Schritt, in sogenannten Erzählschritten, zum Höhepunkt hin. Der Höhepunkt ist der spannendste Moment in deiner Geschichte. Danach kann noch ein Erzählschritt folgen, der zum Schluß hinführt.

Das folgende Schaubild stellt dir dies graphisch dar:

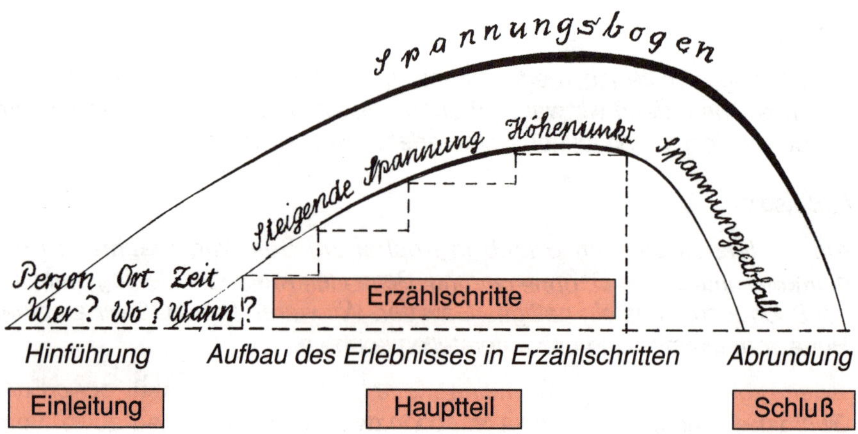

Vermeide unbedingt Erzählschritte, die vom Thema wegführen! Denke daran: Erzählschritte müssen zum Thema passen.

Im folgenden findest du Erzählschritte zum Thema:

„Wie wir einmal von einem Gewitter überrascht wurden".

Kreuze die Sätze an, die als Erzählschritte vom Thema wegführen!

1. In den Ferien besuchte ich meinen Freund Karl in Kochel am See.
2. Seine Mutter konnte hervorragend nähen.
3. Karl holte mich ab. Wir beschlossen, eine Bergtour zu machen.
4. Karls Schwester studiert in München Betriebswirtschaft.
5. Wir wanderten sehr früh los und hatten herrliches Wetter.

6. Karl erzählte mir, wie er am Sonntag Tennis gespielt hatte.
7. Plötzlich waren kleine Wolken zu sehen. Ein Gewitter zog auf.

(Lh: S. 2, Nr. 4)

2.3 Der Schluß

Der Schluß rundet deine Geschichte ab, die Geschichte kommt zu einem Ende. Dazu genügt manchmal ein einziger Satz.

Im folgenden findest du vier mögliche Schlüsse zum Thema:

„Wie wir einmal von einem Gewitter überrascht wurden."

Welche Beispiele sind deiner Meinung nach für einen Schluß geeignet, welche eignen sich weniger gut? Begründe deine Meinung.

Beispiel 1:

Wir waren froh, als wir wieder zu Hause waren. Nie wieder werde ich eine Bergtour unternehmen, ohne die entsprechende Kleidung mitzunehmen.

Beispiel 2:

Zwei Tage später rief mich meine Mutter an und fragte mich, ob ich das Buch, das sie mir geschickt hatte, schon gelesen habe.

Beispiel 3:

„Mit einem Gewitter in den Bergen muß man immer rechnen", sagte mein Onkel. „Hoffentlich habt ihr etwas daraus gelernt."

Beispiel 4:

„Laß uns ins Kino gehen", meinte Karl, „es gibt dort einen tollen Film zu sehen."

.... (Lh: S. 2, Nr. 5)

Du hast gesehen, daß es sinnvoll ist, den Schluß mit der Einleitung oder dem Thema zu verknüpfen, da die Geschichte auf diese Weise abgerundet wird.

2.4 Gliedern und Unterteilen üben

Zur Gliederung gehört auch, daß man den Hauptteil durch *Absätze* weiter *unterteilt*. Dies geschieht zur besseren Übersichtlichkeit. Man unterteilt im allgemeinen, wenn ein neuer Erzählschritt folgt, also dann, wenn:

- eine neue Person in die Handlung eintritt,
- ein Wechsel des Ortes oder der Zeit stattfindet,
- ein neues Geschehen sich ereignet.

Im folgenden findest du einen Schüleraufsatz, der noch nicht in Abschnitte gegliedert ist. Gliedere ihn in Einleitung, Hauptteil und Schluß und unterteile den Hauptteil in Abschnitte.

Setze dieses Zeichen, wenn ein neuer Abschnitt beginnt:

Vermerke am Rand, warum du einen Abschnitt gemacht hast.

Wie wir einmal von einem Gewitter überrascht wurden

Randvermerk

Im letzten Jahr verbrachte ich wieder einen Teil meiner Ferien bei meinem Onkel auf seinem Bauernhof in Kochel am See. Dort hatte ich in Karl, dem Sohn der Nachbarn, bereits vor zwei Jahren einen Freund gefunden, und Karl wartete bereits ungeduldig auf meine Ankunft. „Endlich bist du da", empfing mich Karl, als er mich am Bahnhof abholte. „Ich habe bereits Pläne geschmiedet, was wir in den Ferien alles unternehmen können", meinte er. Nachdem ich meinen Koffer ausgepackt hatte, setzten wir uns zusammen und beschlossen, gleich am nächsten Tag eine Bergtour zum Herzogstand, einem wunderschönen Aussichtsberg, zu unternehmen. Schon früh um fünf Uhr wanderten wir los, am Kochelsee entlang und am Kraftwerk vorbei zum Walchensee, wo wir vor dem eigentlichen Aufstieg noch eine Pause einlegten. „Ein herrliches Wetter heute, kein Wölkchen am Himmel", bemerkte Karl. „Ja, wir haben Glück mit dem Wetter", antwortete ich. Wir brachen wieder auf und stiegen unter der Sesselbahn entlang den steilen Berg hinauf. Nach einer Stunde etwa waren wir auf halber Höhe angekommen. „Das wird ja immer steiler", sagte ich zu Karl. „Ja, und keine Chance, irgendwo einzukehren", bemerkte er, „die nächste Hütte ist noch etwa zwei Stunden entfernt." Als wir wieder einmal kurz ausruhten, schaute ich zum Himmel hinauf. Es waren jetzt kleine Wölkchen zu sehen. „Das sieht nicht gut aus", meinte Karl, und tatsächlich, innerhalb weniger Minuten war der Himmel durch dunkle Wolken verhangen. „Wollen wir umkehren?" fragte ich, aber Karl schüttelte nur den Kopf und erklärte: „Es reicht die Zeit nicht, um noch rechtzeitig ins Tal zu kommen." Während wir noch überlegten, was wir tun sollten, zuckte bereits der erste Blitz am Himmel,und kurz darauf erklang ein heftiger Donnerschlag. Jetzt erst bemerkten wir, daß es auch empfindlich kalt geworden war. Und da, es begann zu regnen. Aber wie! Regentropfen prasselten auf uns nieder, daß wir glaubten, es seien Hagelkörner. Was konnten wir tun? „Daß ich nicht an einen Wetterumschwung gedacht habe", klagte Karl, „das hätte ich doch bedenken müssen." Wir hatten weder einen Pullover noch einen Anorak dabei, und wir fanden auch keine Möglichkeit, uns irgendwo unterzustellen. Bereits bis auf die Haut naß, setzten wir uns auf den Boden und kauerten dicht aneinander. Schweigend warteten wir auf das Ende des Gewitters. Bei jedem Donnerschlag zuckten wir zusammen, ja ich glaube, ich habe noch nie in meinem Leben so laute, starke Donnerschläge gehört. Endlich, wir saßen da wie gelähmt, verzog sich das Gewitter. Es wurde wieder hell. „So durchnäßt, wie wir sind, hat es keinen Sinn mehr weiterzusteigen", meinte Karl, „wir wollen schauen, daß wir möglichst schnell wieder absteigen." Unten angekommen, rief Karl seinen Vater an, der uns daraufhin an der Talstation der Sesselbahn abholte. „Mit einem Wetterumschwung oder einem Gewitter muß man in den Bergen immer rechnen", mahnte Karls Vater, „hoffentlich habt ihr daraus gelernt."

Randvermerk

(Lh: S. 3, Nr. 6)

2. Lernschritt

Wie gliedere ich die Erzählung?

- Die Einleitung *führt* zum Erlebnis *hin*, darf aber nichts Wesentliches vorwegnehmen.
- Der Hauptteil besteht aus *Erzählschritten* und enthält den *Höhepunkt*. Er wird in weitere Abschnitte unterteilt.
- Der Schluß *rundet* die Geschichte *ab*. Er kann in Verbindung zum Thema oder zur Einleitung stehen.

3 Die Gestaltung des Hauptteils

3.1 In Erzählschritten zum Höhepunkt gelangen

Lies den Schüleraufsatz von Seite 12/13 noch einmal durch und versuche herauszufinden, von welcher Zeile an der Aufsatz spannend wird.

Gib die Zeile an. Zeile ____
Wo löst sich die Spannung? Zeile ____ (Lh: S. 3, Nr. 7)

Du hast sicher richtig erkannt: Dieser Teil des Aufsatzes ist der Höhepunkt des Aufsatzes. Der Höhepunkt ist die spannendste Stelle im Aufsatz. In diesem Schüleraufsatz besteht der Höhepunkt aus mehreren Sätzen. Er kann aber durchaus auch einmal nur aus einem einzelnen Satz bestehen.

Im folgenden findest du zum Thema:

„Wie mir einmal eine besondere Überraschung gelungen ist"

Sätze, die Erzählschritte darstellen. Lies sie zunächst einmal durch.

1. *Gemeinsam mit meinen Eltern und meiner Schwester Inge verbrachte ich die Ferien au einem Bauernhof.*
2. *Meine Schwester spielte täglich mit Peggy, einem Berner Sennenhund, und seinen Welpen.*

3. *Inge möchte einen der jungen Welpen, der ihr besonders gut gefiel, nach Hause nehmen, der Bauer würde das Tier sogar verschenken.*
4. *Meine Eltern lehnten aber ab.*
5. *Wir waren wieder zu Hause, der Geburtstag meiner Schwester stand an.*
6. *Meine Eltern und ich beratschlagten, was man ihr schenken könnte.*
7. *Mein Vorschlag, den kleinen Hund vom Bauernhof zu holen, wurde akzeptiert.*
8. *Mein Vater erklärte, daß er auf Geschäftsreise müsse und zwei Tage verreist sei. In Wirklichkeit holte er den jungen Hund.*
9. *Am Geburtstag weckte ich meine Schwester, gratulierte ihr und drängelte sie, doch endlich herunterzukommen und ihre Geschenke auszupacken.*
10. *Sie hatte keine rechte Freude. Erst, als sie aus dem großen Karton Geräusche hörte, beeilte sie sich, den Karton zu öffnen.*
11. *Inge bedankte sich für das schöne Geschenk.*
12. *Die Freude in den Augen meiner Schwester zeigte mir, daß mir eine besondere Überraschung gelungen war.*

Welchen Satz oder welche Sätze würdest du zum Höhepunkt ausgestalten? Für dich, als Schreiber der Geschichte, beginnt es ab Satz 9 spannend zu werden, denn du bist neugierig, wie sich deine Schwester verhalten wird. Für deine Schwester fängt die Spannung im Erzählschritt 10 an, als sie Geräusche hört. Beide Sätze zusammen ergeben den Höhepunkt deiner Erzählung.
Diesen Höhepunkt sollst du besonders genau und lebendig gestalten, damit er spannend wird.

3.2 Die richtige Zeitform wählen

Wenn du noch einmal zurückblätterst auf Seite 12/13 und dir den Schüleraufsatz „Wie wir einmal von einem Gewitter überrascht wurden" erneut anschaust, stellst du fest, daß dieser in der Zeitform der 1. Vergangenheit geschrieben wurde (Präteritum).
Wenn du ein Erlebnis erzählst, liegt es ja bereits länger zurück. Es geschah einmal ... Deshalb wählt man bei der Erzählung als Zeitform die 1. Vergangenheit.
Bei den folgenden Übungsaufgaben ist das Zeitwort immer am Ende des Satzes eingeklammert und in der Grundform angegeben.

Trage das *Zeitwort* in der *1. Vergangenheit* in die jeweilige Leerstelle ein.

- Gemeinsam mit meinen Eltern und meiner kleinen Schwester Inge __________ ich die Ferien auf einem Bauernhof. (verbringen)
- Meine Schwester __________ täglich mit Peggy, dem Hund des Bauern und den kleinen Welpen. (spielen)
- Sie __________ eines der Jungen, das ihr besonders gut __________, mit nach Hause nehmen. (wollen, gefallen)
- Meine Eltern __________. (ablehnen)
- Wir __________ wieder zu Hause, der Geburtstag meiner Schwester __________. (sein, anstehen)
- Die Eltern und ich __________, was man ihr schenken könnte. (beratschlagen)
- Meine Eltern __________ schließlich meinen Vorschlag, den jungen Hund des Bauern zu holen. (akzeptieren)
- Mein Vater __________, daß er auf Geschäftsreise müsse, aber in Wirklichkeit __________ er den jungen Hund. (erklären, holen)
- Am Geburtstag __________ ich meine Schwester, __________ ihr und __________ sie, doch endlich herunterzukommen. (wecken, gratulieren, drängeln)
- Sie __________ sich, den Karton zu öffnen. (beeilen)

(Lh: S. 3, Nr. 8)

Gebrauche bei der Erzählung als Zeitform die 1. Vergangenheit.

3.3 Wörtliche Rede erzeugt Lebendigkeit und Spannung

Vegleiche die beiden folgenden gegenübergestellten Aufsatzbeispiele.

- Worin unterscheiden sie sich?
- Welche Form gefällt dir besser? Warum?

A

Meine Eltern beratschlagten, was man Inge zum Geburtstag schenken könnte. Nachdem wir zu keinem Ergebnis gekommen waren, machte ich den Vorschlag, den kleinen Hund, den sie so gerne mitgenommen hätte, zu holen. Schließlich willigten meine Eltern ein, nachdem ich versprochen hatte, mich um den Hund zu kümmern, wenn meine Schwester einmal keine Zeit dafür hätte. Mein Vater erklärte, daß er auf Geschäftsreise müsse, in Wirklichkeit aber fuhr er auf den Bauernhof und holte den kleinen Hund ab. So war sichergestellt, daß sie nichts bemerken konnte.

B

Meine Eltern beratschlagten, was man Inge zum Geburtstag schenken könnte. „Woran hätte sie denn eine besondere Freude?" fragte meine Mutter. „Ich wüßte schon etwas", antwortete ich, „denkt doch einmal an die letzten Ferien." „Ach, der kleine Hund", lachte Vater. „Und wer versorgt ihn?" meinte er. „Ich weiß, daß sie sich nichts sehnlicher wünscht, und eine größere Freude könnten wir ihr nicht bereiten, also bin ich bereit, den Hund mitzuversorgen", erklärte ich. Da akzeptierten meine Eltern meinen Vorschlag. Mein Vater bemerkte am anderen Morgen beiläufig: „Kinder, ich werde zwei Tage weg sein, aber rechtzeitig zu deinem Geburtstag, Inge, bin ich wieder zurück." So war sichergestellt, daß sie nichts bemerken konnte.

Sicherlich gefällt auch dir das Beispiel B besser. Es wirkt lebendiger, weil die wörtliche Rede verwendet wurde. Laß deshalb die Personen, die in deiner Erzählung handeln, auch sprechen. Auf diese Weise wird deine Erlebniserzählung abwechslungsreicher und spannender.

Wenn du die wörtliche Rede verwendest, bist du gezwungen, das Zeitwort „sagen" oder ein sinnverwandtes Wort zu verwenden.

Beispiel: „Ich habe bereits Pläne geschmiedet", *sagte* Karl.

Du solltest in deinem Aufsatz die Wiederholung von *sagen* vermeiden, zum einen, weil es langweilig wirkt, zum anderen, weil es treffendere Wörter gibt. Benütze also sinnverwandte Wörter, die genauer und aussagekräftiger sind.

Suche im Aufsatzbeispiel B alle Wörter heraus, die bei der wörtlichen Rede anstelle von *sagen* verwendet wurden.

.... (Lh: S. 3, Nr. 9)

Die in der folgenden Zusammenstellung angegebenen Wörter aus dem Bereich der sinnverwandten Wörter für „sagen" helfen dir, bei deinen Aufsätzen stets das treffendste Wort zu wählen.

reden, berichten, vortragen, sprechen, erzählen, fragen, antworten, widersprechen, erwidern, entgegnen, bejahen, beistimmen, zustimmen, predigen, ausführen, versetzen, verneinen, belehren, einfließen lassen, zugeben, abwehren, zu bedenken geben, verbessern, ergänzen, unterweisen, gebieten, fordern, befehlen, beruhigen, drohen, aufbegehren, flehen, auf etwas hinweisen, erwähnen, jammern, klagen, geloben, winseln, seufzen, stöhnen, schmeicheln, schmunzeln, versprechen, schwören, bekennen, beichten, abstreiten, lügen, leugnen, beschwören, beteuern, prahlen, sich brüsten, nörgeln, mahnen, trösten, höhnen, spotten, locken, necken, drängen, brüllen, anfahren, donnern, wettern, schimpfen, grölen, johlen, aufbrausen, auffahren, schreien, rufen, schnauben, knurren, brummen, murren, summen, flüstern, lispeln, tuscheln, zischen, fauchen, jauchzen, jubeln, triumphieren, stammeln, stottern, schwatzen, lallen, wissen lassen, wissen wollen

Ersetze im Aufsatzbeispiel B die dort für *sagen* verwendeten Wörter (fragen, antworten, lachen, meinen, erklären, bemerken) durch andere geeignete Wörter aus dieser Zusammenstellung.

(Lh: S. 3, Nr. 10)

3.4 Gefühle darstellen und Gedanken aufschreiben

Die Erlebniserzählung erzählt von Personen oder Tieren, die etwas erleben. Es ist deine Aufgabe, in deinem Aufsatz darzulegen, was sie dabei *fühlen* und was sie sich dabei *denken.* Dies geschieht in der Form der *wörtlichen Rede*.

> Beispiel: „Was kann ich nur tun, um meine Eltern umzustimmen?" dachte Inge.

Genauso wichtig ist es, die *Gefühle* der handelnden Personen zu beschreiben.

> Beispiel: Nachdem die Eltern es abgelehnt hatten, den Hund mitzunehmen, war Inge niedergeschlagen und traurig.

Gefühle werden zumeist mit Eigenschaftswörtern beschrieben, wie z.B. niedergeschlagen, traurig, fröhlich, verärgert ...

Studiere die folgenden Bilder und überlege dir, was die Schwester des Erzählers jeweils denkt und fühlt. Für das erste Bild sind zwei Hinweise vorgegeben. Alles andere mußt du selber ergänzen.

Meine Schwester spielte täglich mit dem kleinen Hund.

Was *dachte* sie?

„Ob der Bauer den Hund wohl hergibt?"

Was *fühlte* sie?

Sie freute sich.

Was dachte sie noch, was fühlte sie noch? Ergänze die Beobachtungen zu diesem Bild auf den folgenden Zeilen.

Die Eltern lehnten es ab, den kleinen Hund mitzunehmen.

Was *dachte* Inge in dieser Situation, und was *fühlte* sie dabei?

Fülle die folgenden Zeilen wieder entsprechend aus.

Sie öffnete am Morgen ihres Geburtstages den Karton.

Was *dachte* Inge in dieser Situation, und was *fühlte* sie dabei?

Fülle die folgenden Zeilen wieder entsprechend aus.

3. Lernschritt

Gestalte den Hauptteil

- Führe in Erzählschritten zum Höhepunkt!
- Schreibe die Erzählung in der Zeitform der 1. Vergangenheit (Präteritum)!
- Gebrauche treffende Wörter und Ausdrücke!
- Stelle die Gedanken und Gefühle der handelnden Personen dar! Benütze dazu die wörtliche Rede!

Musterbeispiel für eine Erlebniserzählung

Dieser Musteraufsatz wurde aus den Erzählschritten von S. 14/15 entwikkelt. Beachte die Randvermerke und versuche einmal nachzuvollziehen, wie aus den einzelnen Erzählschritten diese Erlebniserzählung gestaltet wurde.

Wie mir einmal eine besondere Überraschung gelungen ist

Thema

Einleitung
Wer? Wo?
Wann?

Gemeinsam mit meinen Eltern und meiner Schwester Inge verbrachte ich in den letzten Sommerferien zwei Wochen auf einem Bauernhof in Hallwangen im Schwarzwald.

Erzählschritt 1

Für meine Schwester war es die größte Freude, mit Peggy, einem Berner Sennenhund, und seinen vier jungen Welpen zu spielen. Was immer wir auch unternehmen wollten – Wandern, Schwimmen oder Radfahren –, Inge hatte keine Lust dazu.

Erzählschritt 2

Wörtliche Rede

Besonders einen der jungen Hunde hatte Inge in ihr Herz geschlossen, vermutlich, weil er ihr in seiner plumpen, tollpatschigen Art überallhin nachlief. Der Landwirt, Herr Schmid, hatte dies auch bemerkt. Er freute sich über die Tierliebe meiner Schwester und bot ihr an: „Wenn du eines der Jungen mit nach Hause nehmen willst und deine Eltern nichts dagegen haben, schenke ich dir eines. Du kannst es dir sogar aussuchen!"

Erzählschritt 3

Ganz aufgeregt kam Inge nun zu meinen Eltern ins Haus gerannt. „Mami, Mami, ich bekomme eines der kleinen Wollknäuel geschenkt! Darf ich den Kleinen mit nach Hause nehmen?" fragte sie. Aber mein Vater erklärte sofort, daß dies auf keinen Fall in Frage käme. „Überlege doch einmal, wie groß der Hund wird!" versuchte er Inge zum Nachdenken zu bewegen, als er merkte, wie traurig sie war. Weinend stürzte Inge aus dem Haus.

Erzählschritt 4

Nach einem schönen Urlaub fuhren wir wieder nach Hause. Inge hatte auf der ganzen Fahrt kaum ein Wort gesprochen und auch zu Hause gab sie auf Fragen nur sehr knappe Antworten. Da Inges neunter Geburtstag immer näherrückte, beratschlagten meine Eltern, was man ihr schenken könnte.

Erzählschritt 5
Gestaltung des
Höhepunkts

„Woran hätte sie denn eine besondere Freude?" fragte meine Mutter. „Ich wüßte schon etwas", antwortete ich, „denkt doch nur einmal an die letzten Ferien!" „Ach, der kleine Hund", lachte mein Vater, „und wer versorgt

Erzählschritt 6
Steigern der Spannung durch wörtliche Rede

ihn?" „Ich weiß, daß sie sich nichts sehnlicher wünscht, und eine größere Freude könnten wir ihr nicht bereiten, also bin ich bereit, den Hund mitzuversorgen", antwortete ich. Da akzeptierten meine Eltern meinen Vorschlag.

Erzählschritt 7

Mein Vater bemerkte am anderen Morgen beiläufig, daß er für zwei Tage auf Geschäftsreise müsse. „Ich werde wegfahren, aber rechtzeitig zu deinem Geburtstag bin ich wieder zurück", ließ er Inge wissen. So war sichergestellt, daß meine Schwester nichts bemerken konnte. In Wirklichkeit holte er den kleinen Hund.

Erzählschritt 8

An ihrem Geburtstag blieb Inge lange im Bett. Ich weckte sie, gratulierte ihr und fragte: „Willst du nicht endlich herunterkommen und deine Geschenke auspacken?"

Erzählschritt 9
Gefühle ausdrücken

Endlich erschien sie. Sie machte auf uns nicht gera-de den Eindruck, als würde sie sich auf ihre Geschen-ke freuen. Sie konnte ja nicht wissen, wie gespannt wir waren.

Erzählschritt 10

Eigentlicher Höhepunkt

Da hörten wir alle aus dem großen Karton ein leises Wimmern. Inge wurde bleich, und nach einer Schrecksekunde stürzte sie sich auf die Schachtel. Vorsichtig nahm sie den „Kleinen" aus dem Karton, legte ihn auf den Arm und streichelte und küßte ihn abwechselnd. „Danke, danke!", mehr an Worten brachte sie nicht heraus. Sie schluchzte, aber diesmal waren es Freudentränen, die sie weinte.

Schluß
Abrundung

Die Freude in den Augen meiner Schwester zeigte mir, daß mir mit meinem Vorschlag zu diesem Geburtstagsgeschenk eine besondere Überraschung gelungen war.

2. Kapitel

Nacherzählungen

Seltsamer Spazierritt
Die drei Söhne
Der Löwe und die Maus
Vom klugen Huhn

Lernziele:

Die Geschichte sorgfältig lesen beziehungsweise ihr aufmerksam zuhören
Den Sinn und den Inhalt erfassen
Den Inhalt in der richtigen Reihenfolge festhalten
Wichtige Einzelheiten ergänzen, aber nichts hinzufügen
Die Nacherzählung in der 1. Vergangenheit (Präteritum) schreiben
Die vorgegebene Geschichte schriftlich nacherzählen

Die Nacherzählung

Du lernst jetzt, was man beim Schreiben einer Nacherzählung beachten muß. Eine Nacherzählung ist die schriftliche Wiedergabe einer Geschichte mit eigenen Worten.

Es gelten die gleichen *Stil-Merkmale* wie bei der Erlebnisrzählung:

- Gliedern in Einleitung – Hauptteil – Schluß
- In der Zeitform der ersten Vergangenheit erzählen
- Spannend gestalten, dabei die wörtliche Rede benützen
- In Erzählschritten zum Höhepunkt und zum Schluß führen

Lies nun die Geschichte in Ruhe einmal durch!

Seltsamer Spazierritt

Ein Mann reitet auf seinem Esel nach Haus und läßt seinen Buben zu Fuß nebenher laufen.
Kommt ein Wanderer und sagt: „Das ist nicht recht, Vater, daß Ihr reitet und laßt Euren Sohn laufen; Ihr habt stärkere Glieder."
Da stieg der Vater vom Esel herab und ließ den Sohn reiten.
Kommt wieder ein Wandersmann und sagt: „Das ist nicht recht, Bursche, daß du reitest und lässest deinen Vater zu Fuß gehen. Du hast jüngere Beine."
Da saßen beide auf und ritten eine Strecke.
Kommt ein dritter Wandersmann und sagt: „Was ist das für ein Unverstand: zwei Kerle auf einem schwachen Tiere; sollte man nicht den Stock nehmen und euch beide hinabjagen?"
Da stiegen beide ab und gingen selbdritt zu Fuß, rechts und links der Vater und der Sohn und in der Mitte der Esel.
Kommt ein vierter Wandersmann und sagt: „Ihr seid drei kuriose Gesellen. Ist's nicht genug, wenn zwei zu Fuß gehen? Geht's nicht leichter, wenn einer von euch reitet?"
Da band der Vater dem Esel die vordern Beine zusammen, und der Sohn band ihm die hintern Beine zusammen, zogen einen starken Baumpfahl durch, der an der Straße stand, und trugen den Esel auf der Achsel heim.
Soweit kann's kommen, wenn man es allen Leuten will recht machen.

Johann Peter Hebel

1 Den Sinn der Geschichte verstehen

„Seltsamer Spazierritt" ist eine Geschichte, mit der uns Johann Peter Hebel auf lustige Weise eine Lehre erteilen will. Diese Lehre ist der eigentliche Sinn dieser Geschichte.

Wenn du eine Geschichte zum ersten Mal hörst oder liest, sollst du versuchen, ihren *Sinn* zu verstehen. Dazu mußt du dich konzentrieren, das heißt, du mußt aufmerksam zuhören oder lesen.
Schreibe nun in kurzen Sätzen auf den Block, was deiner Meinung nach der Sinn der Geschichte ist.

....

(Lh: S. 4, Nr. 1)

Oft finden wir den Sinn einer Geschichte in den letzten Zeilen. Achte deshalb besonders auf das Ende.
Auch in unserem Beispiel ist der Schlußsatz ein wichtiger, sinntragender Satz. Lies ihn noch einmal und fasse ihn in eigene Worte.

....

(Lh: S. 4, Nr. 2)

Finde nun heraus, welche der folgenden Aussagen und Redewendungen dem Sinn der Geschichte möglichst nahekommen. Kreuze an:

❍ Wer andern eine Grube gräbt, fällt selbst herein.

❍ Handle nie unüberlegt.

❍ Prüfe einen Rat, der dir gegeben wird, bevor du ihn befolgst.

❍ Man handelt oft unvernünftig, wenn man es allen Leuten recht machen will.

❍ Wer zuletzt lacht, lacht am besten.

❍ Erst denken, dann handeln.

(Lh: S. 4, Nr. 3)

Du hast sicherlich herausgefunden, daß mehrere Aussagen dem Sinn der Geschichte entsprechen.

Nach dem ersten konzentrierten Zuhören oder Lesen hast du dir wahrscheinlich schon Gedanken über den *Sinn* und den *Inhalt* der Geschichte gemacht. Bestimmt hast du dir bereits sinntragende Sätze, wie hier besonders den Schlußsatz, eingeprägt.

Merke dir also, was du beim Nacherzählen zuerst beachten sollst!

1. Lernschritt

Erfasse den Sinn der Geschichte

- Lies oder höre *aufmerksam* zu!
- Achte darauf, ob im Text *sinntragende* Sätze vorhanden sind!
- Finde den *Sinn* der Geschichte!

2 Den Inhalt der Geschichte erfassen

Jetzt geht es darum, den Inhalt folgerichtig, das heißt der Reihe nach zu erfassen. Nur dann kannst du ihn richtig wiedergeben.
Wie dies geschehen kann, sollst du hier lernen. Stelle dir die Handlungssituationen *bildlich* vor.

Schreibe unten zu jedem Erzählschritt auf, was Vater und Sohn tun. Notiere auch, was der jeweilige Wanderer zu ihnen sagt.
Der erste Erzählschritt ist dir als Beispiel vorgegeben.

1. Erzählschritt

Vater *reitet*, Sohn *geht zu Fuß*.
1. Wanderer sagt: *„Es ist nicht richtig, daß Euer Sohn gehen muß, so Ihr doch stärkere Glieder habt."*

2. Erzählschritt

______________ geht zu Fuß, Sohn ______________.

2. Wanderer sagt: „____

____."

3. Erzählschritt

______________ und ______________.

3. Wanderer sagt: „____

____."

4. Erzählschritt

Vater und Sohn ______________.

4. Wanderer sagt: „____

____."

5. Erzählschritt

______________________________ tragen den Esel.

(Lh: S. 4, Nr. 4)

Mit diesen Erzählschritten hast du den Handlungsablauf der Geschichte und damit die richtige Reihenfolge für deine Nacherzählung festgelegt. Eine wesentliche Hilfe für das Nacherzählen ist, wenn du dir alle Handlungen und damit den Inhalt der Geschichte bildlich vorstellst. Du kannst sie dann leichter in der richtigen Reihenfolge aufschreiben.

2. Lernschritt

Erfasse den Inhalt in Erzählschritten

- Stell dir die Handlung *bildhaft* vor!
- Notiere die Erzählschritte in der richtigen *Reihenfolge*!

3 Auf Einzelheiten achten

Lies die Geschichte „Seltsamer Spazierritt" nun noch einmal und versuche jetzt, wichtige Einzelheiten zu behalten.

Im folgenden findest du Fragen zu solchen Einzelheiten. Beantworte sie aus dem Gedächtnis.

1. Wie begründet der erste Wanderer seine Ansicht, daß der Vater zu Fuß gehen solle?

   ____

2. Welcher Wanderer sagt: „Du hast jüngere Beine"?

   ____

3. Mit welchem Gegenstand will der dritte Wanderer die beiden vom Esel herabjagen?

   ____

4. Wo ging der Esel, als sie selbdritt (alle drei) zu Fuß gingen?

   ____

5. Welche Beine des Esels band der Vater und welche der Sohn zusammen?

____

6. Wo stand der Baumpfahl? ______________________________

(Lh: S. 4, Nr. 5)

Du hast sicherlich bemerkt, daß du dich an *Einzelheiten* genauer erinnerst, wenn du *Fragen* an den Text *stellst* und sie beantwortest.

Bei der Beantwortung solcher Fragen besteht allerdings die Gefahr, daß man Falsches nennt oder etwas hinzufügt. Beides ist nicht erlaubt.

In der folgenden Übung sollst du herausfinden, was *falsch* ist. Streiche durch, was nicht richtig wiedergegeben ist!

1. Ein Großvater reitet auf seinem Esel nach Hause.
2. Da stieg der Vater von seinem Pferd herab.
3. Kommt eine Frau und sagt, sie sollen doch beide reiten.
4. Als alle drei zu Fuß gingen, ging der Esel rechts.
5. Der Wanderer band dem Esel die vorderen Beine zusammen.
6. Sie zogen eine Eisenstange durch, mit der sie den Esel trugen.

(Lh: S. 5, Nr. 6)

Du hast nun herausgefunden, was falsch war. In der folgenden Übung sollst du durchstreichen, was *hinzugefügt* wurde.

1. Ein Mann, der einen Korb in der Hand hielt, ritt auf einem Esel nach Hause.
2. Ein Wanderer, der einen Hund spazieren führte, erklärte dem Vater, daß es nicht recht sei, seinen Sohn gehen zu lassen.
3. Der dritte Wanderer drohte den beiden, sie wegen Tierquälerei bei der Polizei anzuzeigen.
4. Da stiegen sie beide ab und zogen den Esel an einem Strick hinterher.
5. Als ein Pferdefuhrwerk vorbeikam, band der Vater dem Esel die Vorderbeine zusammen.
6. Als sie den Esel so nach Hause getragen hatten, waren sie beide sehr müde.

(Lh: S. 5, Nr. 7)

Bei einer Nacherzählung darfst du keine wichtigen Einzelheiten vergessen, aber auch nichts hinzufügen. Das, was du schreibst, muß richtig sein.

3. Lernschritt

Achte auf Einzelheiten

- Halte *Einzelheiten* fest, die für die Geschichte wichtig sind!
- Schreibe *nichts Falsches* auf!
- Erfinde *nichts hinzu*!

4 Die Nacherzählung überarbeiten

Wichtige Dinge, die man bei der Nacherzählung beachten soll, hast du nun kennengelernt. Bevor du deine Nacherzählung schreibst, solltest du auf die richtige Zeitform achten.

Man schreibt die Nacherzählung in der **1. Vergangenheit** (Präteritum).

Beispiele: ... ein Mann *ritt* ...
... und *ließ* seinen Buben ...
... da *kam* ein Wanderer ...

Verwendest du aber die wörtliche Rede, so steht diese in der **Gegenwart** (Präsens).

Beispiele: ... „Das *ist* nicht recht, ..."
„... und *laßt* Euren Sohn laufen ..."
„... *Geht's* nicht leichter ..."

Wie die beiden Zeiten in der Nacherzählung verwendet werden, zeigen dir die folgenden Beispiele.

Da kam ein Wanderer und **sagte**: „Das **ist** nicht recht..."

1. Vergangenheit Gegenwart

„Warum **geht** ihr zu Fuß?" **fragte** der Wanderer.

Gegenwart — 1. Vergangenheit

„Ihr **seid** seltsame Gesellen", **sagte** der Wanderer ...

Gegenwart — 1. Vergangenheit

Schreibe nun die Nacherzählung *„Seltsamer Spazierritt"* in einem Erstentwurf auf deinen Block.

....

Wenn du dich aber noch nicht sicher im Aufsatzschreiben fühlst, benütze den hier in Bildern dargestellten Handlungsablauf.

Überarbeite nun deinen Erstentwurf nach folgenden Gesichtspunkten. Sie gelten für jede Nacherzählung.

1. Verbessere die Rechtschreibfehler.
   Schaue gegebenenfalls im Wörterbuch nach!

2. Überprüfe, ob du den Sinn richtig wiedergegeben hast!
   Nimm alle notwendigen Änderungen vor!

3. Überprüfe den Inhalt auf Vollständigkeit!

   a) Sind die Erzählschritte in der richtigen Reihenfolge angeordnet?
   b) Trage vergessene Erzählschritte nach!
   c) Hast du Erzählschritte verwechselt, so ändere dies!
   d) Streiche alle Hinzufügungen, die in der Geschichte gar nicht vorkommen!
   e) Hast du Einzelheiten vergessen, die für das Verständnis der Geschichte wichtig sind, so ergänze!

4. Achte auf die sprachliche Gestaltung!

   a) Vergleiche die Satzanfänge! Ersetze Wiederholungen, denn sie wirken langweilig!
   b) Steht deine Nacherzählung in der ersten Vergangenheit?
   c) Hast du bei der wörtlichen Rede auf die Zeitform der Gegenwart geachtet?

Schreibe nun die Reinschrift nieder. Nimm zur Fehlerkorrektur den Duden zur Hand.

....

Guten Erfolg!

Musterbeispiel für eine Nacherzählung

Seltsamer Spazierritt	*Thema*
Ein Vater war mit seinem Sohn auf dem Weg nach Hause.	*Einleitung*
Der Vater ritt auf seinem Esel, und der Sohn ging nebenher. Nach einiger Zeit begegneten sie einem Wanderer, der den Vater beschimpfte: „Warum reitet Ihr, Ihr habt doch stärkere Glieder als euer Sohn; das ist doch nicht recht!"	*Hauptteil* *Erzählschritt 1* *wörtliche Rede* *(Gegenwart)*
Daraufhin stieg der Vater vom Esel ab, und der Sohn durfte reiten. Kurz danach trafen sie einen anderen Wanderer, der sich wunderte, daß der Sohn ritt und der Vater zu Fuß nebenher ging. „Du hast doch jüngere Beine", sagte er zu dem Jungen.	*Erzählschritt 2* *1. Vergangenheit* *wörtliche Rede* *(Gegenwart)*
Da saß der Vater wieder auf, und beide setzten auf dem Rücken des Esels ihren Weg fort. Nachdem sie eine Weile geritten waren, kam ein dritter Wanderer, der sich ärgerte, daß sie zu zweit auf einem so schwa-chen Tiere ritten. „Man sollte euch mit dem Stock hinabjagen", meinte er.	*Erzählschritt 3*
So stiegen sie beide ab, nahmen den Esel in die Mitte und gingen zu Fuß weiter. Der letzte Wanderer, den sie trafen, verspottete sie, weil sie alle drei nebeneinander gingen. „Seid ihr drei seltsame Gesellen", lachte er, „es könnte doch wenigstens einer von euch reiten."	*Erzählschritt 4* *Einzelheit* *beachtet*
Also band der Vater dem Esel die vorderen Beine zusammen, der Sohn tat dasselbe mit den hinteren Beinen. Dann nahmen die beiden einen dünnen Baumstamm vom Rand des Weges, zogen den Stamm durch die gebundenen Beine und trugen den Esel auf den Schultern heim.	*Erzählschritt 5*
Soweit konnte es kommen, weil Vater und Sohn es allen Leuten recht machen wollten.	*Schluß* *Sinn d. Gesch.*

5 Verschiedene Geschichten zum Üben der Nacherzählung

Die folgenden Geschichten eignen sich gut zum Nacherzählen. Lies jede zweimal durch und verfasse dann einen Erstentwurf!

Zum Vergleichen findest du den Sinn der jeweiligen Geschichte im Lösungsheft angegeben.

Die drei Söhne

Drei Frauen wollten Wasser holen am Brunnen. Nicht weit davon saß ein Greis auf einer Bank und hörte zu, wie die Frauen ihre Söhne lobten.
„Mein Sohn", sagte die erste, „ist so geschickt, daß er alle hinter sich läßt ..."
„Mein Sohn", sagte die zweite, „singt so schön wie die Nachtigall! Es gibt keinen, der eine so schöne Stimme hat wie er."
„Und warum lobst du deinen Sohn nicht?" fragten sie die dritte, als diese schwieg.
„Ich habe nichts, wofür ich ihn loben könnte", entgegnete sie. „Mein Sohn ist ein ganz gewöhnlicher Knabe. Er hat etwas Besonderes weder an sich noch in sich ..."
Die drei Frauen füllten ihre Eimer und gingen heim. Der Greis ging langsam hinter ihnen her. Die Eimer waren schwer und die abgearbeiteten Hände schwach. Deshalb machten die Frauen eine Ruhepause, denn der Rücken tat ihnen weh.
Da kamen ihnen drei Knaben entgegen. Der erste stellte sich auf die Hände und schlug Rad um Rad – und die Frauen riefen: „Welch ein geschickter Junge!" Der zweite sang so herrlich wie die Nachtigall, und die Frauen lauschten andachtsvoll und mit Tränen in den Augen. Der dritte Knabe lief zu seiner Mutter, hob die Eimer und trug sie heim.
Da fragten die Frauen den Greis: „Was sagst du zu unseren Söhnen?" „Wo sind eure Söhne?" fragte der Greis verwundert. „ich sehe nur einen einzigen Sohn!"

Leo N. Tolstoi
(Lh: S. 5, Nr. 8)

Der Löwe und die Maus

Ein Löwe schlief in seiner Höhle; um ihn her spielte eine Schar lustiger Mäuse. Eine derselben war eben auf einen hervorstehenden Felsen gekrochen, fiel herab, und erweckte den Löwen, der sie mit seiner gewaltigen Tatze festhielt.
„Ach", bat sie, „sei doch großmütig gegen mich armes, unbedeutendes Geschöpf! Ich habe dich nicht beleidigen wollen; ich habe nur einen Fehltritt getan und bin von dem Felsen herabgefallen. Was kann mein Tod dir nützen? Schenke mir das Leben, ich will dir zeitlebens dankbar sein!"
„Geh hin!" sagte der Löwe großmütig und ließ das Mäuschen springen. Bei sich aber lachte er und sprach: „Dankbar sein! Nun, das möchte ich doch sehen, wie ein Mäuschen sich einem Löwen dankbar bezeigen könnte!"
Kurze Zeit darauf lief das nämliche Mäuschen durch den Wald und suchte sich Nüsse. Da hörte es das klägliche Gebrüll eines Löwen. „Der ist in Gefahr!" sprach es bei sich und ging der Stelle zu, von wo das Gebrüll herübertönte.
Es fand den großmütigen Löwen von einem starken Netz umschlungen, das der Jäger heimlich ausgespannt hatte, um die großen Waldtiere zu fangen. Die Stricke hatten sich so künstlich zusammengezogen, daß der Löwe weder seine Zähne noch die Stärke seiner Tatzen brauchen konnte, um sie zu zerreißen.
„Warte nur, mein Freund!" sagte das Mäuschen, „da kann ich dir wohl am besten helfen!" Es lief hinzu und zernagte die Stricke, die seine Vordertatzen gefesselt hatten. Als diese frei waren, zerriß der Löwe das übrige Netz und ward so durch die Hilfe des kleinen Mäuschens wieder frei.

Äsop
(Lh: S. 5, Nr. 9)

Vom klugen Huhn

Ein Huhn scharrte unter einem Baum hinterm Dorf. Da kam ein Schakal herbeigelaufen. Er hatte großen Hunger und freute sich schon, wie er sich an dem Huhn laben würde. Doch das Huhn flog rasch auf den Baum.
„Sei gegrüßt, Hühnchen", sprach der Schakal zu ihm. „Hast du schon die Neuigkeit gehört?"
„Was für eine Neuigkeit?" fragte das Huhn.

„Was für eine Neuigkeit? Nun, die Neuigkeit eben, daß zwischen allen Tieren Friede geschlossen wurde. Nun sind alle Tiere Freunde, keines darf dem andern mehr ein Leid antun. Flieg ruhig vom Baum auf die Erde herunter, ich werde dich nicht fressen."
Doch das Huhn war klug und wußte, daß man dem Schakal nicht trauen dürfe. Es sprach daher: „Ich weiß, daß du mir kein Leid antun würdest, doch hier auf dem Baum habe ich eine bessere Aussicht. Ich sehe sehr gut bis in unser Dorf."
„Und was siehst du denn in eurem Dorf Besonderes?" fragte der Schakal.
„Nichts Besonderes, nur eine Meute Hunde kommt gelaufen."
Als der Schakal dies hörte, sprang er auf und lief schnell davon.
„Ach, warum rennst du so. Schakal?" rief ihm das Huhn nach. „Es herrscht doch Friede unter den Tieren, die Hunde werden dir also nichts tun."
„Ach, ich kenne doch diese dummen Hunde aus dem Dorf. Die wissen bestimmt noch nichts davon", schrie der Schakal, und fort war er.

Aus Armenien
(Lh: S. 5, Nr. 10)

3. Kapitel

Briefe persönlichen Inhalts

In der Jugendherberge

Lernziele:

Persönliche Mitteilungen in Briefform darstellen
Wissen, daß sich der Inhalt und die Darstellungsart eines Briefes nach der Schreibsituation und dem Empfänger richten
Formale Merkmale eines Briefes kennenlernen
Briefe in erzählender, berichtender und beschreibender Darstellungsform kennenlernen und verfassen
Erkennen von sprachlichen Mitteln der Darstellung eines Briefes

Briefe mit persönlichem Inhalt schreiben

1 Den persönlichen Brief von Inhalt und Darstellung her kennenlernen

Eine 5. Klasse aus Nürnberg unternimmt eine 14tägige Klassenfahrt nach Garmisch-Partenkirchen und wohnt dort in der Jugendherberge. Betrachte das folgende Bild genau.

Schreibe auf deinen Block, was du alles auf dem Bild siehst. Notiere auch kurz, was man deiner Meinung nach dort erleben könnte.

....

Im Verlauf seines Aufenthaltes in Garmisch-Partenkirchen schreibt der Schüler Paul drei *persönliche* Briefe an Bekannte und Verwandte. Von seinem Freund Hugo weiß er, daß dieser gerne fernsieht und ein Videofan ist. Pauls Großeltern sind als begeisterte Gebirgswanderer bekannt. Der Nachbar, Herr Schulz, fährt gerne Ski in den Alpen.

Lies die folgenden drei persönlichen Briefe von Paul durch.

Brief 1:

Hey Hugo,
wie geht's Dir? - Bei uns auf der Klassenfahrt ist alles klar, bei Dir hoffentlich auch. In der Stadtmitte gibt es zwei starke Videokneipen. Dort hängen gleich ein paar Fernseher von der Decke herab, und hinter der Theke befindet sich ein riesiger Großbildschirm. Da kannst Du Deine Cola schlürfen und Dir dabei locker Videoclips reinziehen. Manchmal kommen zwischen den Clips auch noch heiße Actionvideos. Eine ultra-coole Sache für uns Videofans! Sowas müßte es auch bei uns zu Hause geben!
Tschüß bis Samstag
Dein Paul

Brief 2:

Liebe Oma und lieber Opa,
sicherlich geht es Euch gut. Ich weiß jetzt auch, warum es Euch im Gebirge immer so gut gefällt und ihr jeden Urlaub dort verbringt. Die beiden ersten Tage waren sehr schön, und wir haben viel erlebt. Ringsum wird der Ort vom Gebirge eingerahmt. Von der Jugendherberge aus waren es nur ein paar Gehminuten, bis man ins Gebirge kam. Auf unserer Bergwanderung zum Wankgipfel machten wir öfter Rast und schauten hinab ins Tal. Einmal meinte Alfred ganz erstaunt: „Das ist schon eine Sache! Wenn man hier oben am Berg steht, denkt man, daß dort unten eine Spielzeugstadt liegt!" Sicherlich kennt Ihr als Bergwanderer dieses Panorama von Garmisch-Partenkirchen auch schon!
Alles Gute, bis wir uns wiedersehen
Euer Paul

Brief 3:

Sehr geehrter Herr Schulz,
als Sie mir neulich an dem herrlichen Juniwochenende im Treppenhaus erzählten, daß Sie gerade aus dem Gebirge kämen, wollte ich es Ihnen kaum glauben. Heute, am 17.07.1992, also mitten im Juli, fuhr unsere ganze Klasse früh um 8.30 Uhr auf die Zugspitze.
Dort oben sahen wir, wie zahlreiche Skifahrer bei schönstem Wetter die Hänge herabgeschwungen kamen. Am liebsten hätte ich meine Ski dabei gehabt. Vielleicht können Sie mich einmal mitnehmen, wenn Sie wieder hierher fahren?
Bis bald
Ihr Paul

Vergleiche die drei von Paul geschriebenen Briefe. Notiere kurz, was dir beim Lesen der drei Briefe aufgefallen ist.

....

(Lh: S. 6, Nr. 1)

Paul ist auf jeden Empfänger besonders eingegangen und hat jedem einen anderen Inhalt mitgeteilt. Stelle den jeweiligen inhaltlichen Schwerpunkt in Stichpunkten auf der Leerzeile dar.

Inhalt des Briefes an Hugo: ______________________________

____

Inhalt des Briefes an die Großeltern: ______________________

____

Inhalt des Briefes an Herrn Schulz: _______________________

____

(Lh: S. 6, Nr. 2)

An drei Beispielen hast du gesehen, daß man beim Schreiben von persönlichen Briefen die *Inhalte* bringen kann, die einen *selbst* berühren und solche, die den *Empfänger* interessieren.

Paul aber hat in seinen Briefen nicht nur verschiedene Inhalte geschrieben, er ist auch von der Sprache her auf den Empfänger eingegangen. Das zeigt sich an der *Art und Weise* der sprachlichen Darstellung.
Trage in die Leerstellen der folgenden Tabelle ein, auf welche Art und Weise Paul jeden Brief geschrieben hat. Verwende für jeden Empfänger jeweils zwei dieser Begriffe:

freundlich und höflich, übertreibend und kumpelhaft, nett und vertraut.

Brief	Empfänger	Darstellungsweise
1	Freund Hugo	
2	Großeltern	
3	Nachbar Schulz	

(Lh: S. 6, Nr. 3)

Aus der persönlichen Darstellung nämlich kann man das Verhältnis zwischen Absender und Empfänger eines persönlichen Briefes eindeutig erschließen. So kann also ein persönlicher Brief z.B. freundlich oder abweisend, höflich oder frech, zuvorkommend oder ablehnend abgefaßt werden.

Sicherlich ist dir bei den drei Briefen aufgefallen, daß manche der *Anredefürwörter* (z.B. „wie geht's *Dir*") und *Höflichkeitsanreden* (z.B. „als *Sie* mir neulich ...") mit großem Anfangsbuchstaben geschrieben sind, so wie es eine besondere Rechtschreibregel verlangt.
Schreibe den folgenden Brief von Bernhard aus der Klasse 5a rechtschriftlich richtig auf deinen Block. Achte auf die Groß- und Kleinschreibung der Wörter, sowie auf die besondere Rechtschreibregel, die für das Schreiben von Briefen gilt.

....

(Lh: S. 6, Nr. 4)

garmisch-partenkirchen, 24.07.1992

lieber onkel hans,
zu deinem geburtstag möchte ich dir hiermit von unserer klassenfahrt aus herzlich gratulieren. beinahe hätte ich deinen geburtstag vergessen, doch meine mutter hat mich rechtzeitig daran erinnert. in ihrem kalender hat sie, wie du vielleicht weißt, alle geburtstage von bekannten, freunden mit rotstift eingetragen. hoffentlich hast du an deinem geburtstag soviel Freude, wie wir hier auf unserer klassenfahrt.
viele grüße, auch an deine familie
von deinem neffen bernhard

Du hast bisher erfahren, daß sich Briefe nicht nur vom Empfänger und vom Inhalt her, sondern auch in der Art und Weise der Darstellung unterscheiden. Dabei gelten besondere Rechtschreibregeln.

1. Lernschritt

Achte auf Inhalt und Darstellung

- Der Briefinhalt richtet sich nach den *Interessen* von *Absender* und *Empfänger.*
- Der Briefstil berücksichtigt das *Verhältnis* von *Absender* und *Empfänger,* z.B. freundlich in der Darstellung.
- Anredefürwörter und Höflichkeitsanreden werden *groß* geschrieben.

2 Welche äußeren Merkmale ein Brief hat

2.1 Den Briefumschlag richtig beschriften

Sabine aus der Klasse 5a will im Verlauf der Klassenfahrt einen Brief an ihre Oma schreiben. Nun sitzt sie da und überlegt, wie sie den Briefumschlag beschriften muß, damit der Brief zuverlässig zum Empfänger befördert wird. Dabei kann sich Sabine nur noch ganz schwach an eine Regel erinnern.

Für die *Beschriftung* eines Briefumschlags gilt die *Faustregel:*

Die „*dreizeilige Anschrift des Absenders*" kommt ins *linke obere Achtel* und die „*fünfzeilige Anschrift des Empfängers*" ins *untere rechte Viertel* des Briefumschlags.

Um sicher zu gehen, erkundigt sich Sabine und beschriftet ihren Briefumschlag vorschriftsmäßig, so wie es das folgende Musterbeispiel zeigt.

Sabine Müller
Jochstraße 10
8100 Garmisch-Partenkirchen

↑

Absender (mit Anschrift)

Empfänger (mit Anschrift)

↓

Frau
Hanna Walter
Hauptstraße 34

8501 Heroldsberg

Besorge dir jetzt einen Briefumschlag. Schreibe darauf als Absender deine Wohnanschrift und richte den Brief an einen Verwandten oder Bekannten, von dem du die genaue Anschrift kennst.

....

Weicht die Beschriftung deines Umschlags vom Musterbeispiel ab, so korrigiere sie nach folgenden Kontrollfragen:

- Stehen alle ersten Anfangsbuchstaben beim Absender bzw. beim Empfänger untereinander?
- Befindet sich beim Empfänger zwischen dem Straßennamen und der Ortsbezeichnung ein größerer Abstand?

2.2 Den Briefbogen formgemäß gestalten

Doch nicht nur für die äußere Form des *Briefumschlags* gelten gewisse Regeln, auch für die äußere Form des *Briefbogens* selbst mußt du einiges beachten.

Sabine hat sich bei der Gestaltung ihres Briefbogens an den folgenden äußeren Rahmen gehalten. Betrachte ihn genau und schreibe dann auf, was wichtig ist.

.... (Lh: S. 7, Nr. 5)

✻ Leerzeile Ort Datum

	1	✻
	2	Garmisch-Partenkirchen, 17.07.1992
Anrede	3	Liebe Oma,
	4	✻
Textanfang	5	wie versprochen schreibe ich Dir heute ...
	6	....
Briefinhalt	7	....
	8	....
	9	....
	10	....
Textende	11	....
	12	✻
Gruß	13	Viele liebe Grüße
	14	✻
Name	15	Deine Sabine
Unterschrift	16	Unterschrift
	17	✻

linker Rand rechter Rand

Nicht jeder persönliche Brief muß mit „Liebe ..." beginnen und mit „Viele liebe Grüße" enden. Bei Verwandten, Freunden oder Bekannten wählt man auch gerne

- als **Anrede:** Lieber Paul, – Liebe Oma, – Hallo, – Lieber Herr Müller, – Liebe Freunde, – Verehrter Herr, – Sehr geehrte Frau, – ...
- als **Gruß:** Dein – Euer – Ihr – Alles Gute – Bis bald – Herzlichst – Tschüß – Mit freundlichen Grüßen – Hochachtungsvoll – ...

Nimm nun einen Briefbogen zur Hand. Entwirf darauf nach obigem Muster nur den Rahmen für einen persönlichen Brief an deine Tante oder an deinen Onkel. Trage als Ort deinen Wohnort und als Tag das heutige Datum ein. Wähle eine geeignete Anrede und einen passenden Gruß.

2. Lernschritt

Achte auf äußere Merkmale eines Briefes

- Beschrifte denBriefumschlag *richtig*!
- Teile den Briefbogen *formgerecht* ein!
- Achte auf die *Satzzeichen*!

2.3 Den Inhalt des Briefes festlegen

Am Tag vor der Klassenfahrt hat sich Christophs Mutter von ihrem Sohn mit den Worten verabschiedet: „Viel Spaß auf eurer Klassenfahrt! Und schreibe mir einen Brief! Ich möchte wissen, wie es dir in Garmisch-Partenkirchen gefällt, und was du dort alles erlebst."

Jetzt grübelt Christoph nach, was er ihr schreiben könnte. Er weiß bereits, daß es am günstigsten ist, wenn man in einem persönlichen Brief

- zum einen von dem schreibt, was *einen selber betrifft.* (Absicht des Verfassers).
- zum anderen davon, was den *Empfänger* interessieren könnte. (Adressatenbezug).

Weil du aber nicht alles, was dich auf einer Fahrt beeindruckt hat, in einen Brief schreiben kannst, mußt du eine sinnvolle *Stoffauswahl* treffen.

Lies die folgenden Briefbeispiele durch, die von drei Schülern der Klasse 5a stammen. Schreibe nach jedem Brief auf, welcher inhaltliche Schwerpunkt jeweils ausgewählt worden ist.

Beispiel 1:

Lieber Vati,
im IC fuhren wir heute bis nach München. Das war ein toller Zug. Alle Waggons hatten eine Klimaanlage. Auf der einen Seite vom Gang waren bequeme, verstellbare Zweiersitze mit einem Tisch dazwischen. Auf der anderen Seite befanden sich geräumige, freundliche Viererabteile.

.... (Lh: S. 7, Nr. 6)

Beispiel 2:

Lieber Vati,
die IC-Fahrt nach München war prima, die Weiterfahrt mit dem D-Zug mißfiel mir sehr. In der Pension gefiel es mir, weil wir dort in Zweierzimmern untergebracht waren. Am besten schmeckte mir bisher das Abendessen. Eben gab es das erste Mittagessen.

.... (Lh: S. 7, Nr. 6)

Beispiel 3:

Lieber Vati,
bisher hat mir alles gut gefallen. Die Anreise, vor allem die Fahrt im IC, ist toll gewesen. In der Pension haben wir Zweibettzimmer. Das Essen ist reichlich und schmeckt gut. Am Ankunftstag ist es bewölkt gewesen, am nächsten Tag hat die Sonne geschienen. Heute machen wir eine Bergwanderung auf den Wank und fahren mit der Seilbahn ins Tal zurück.

.... (Lh: S. 7, Nr. 6)

Du hast nun verschiedene Stichpunkte aus den Briefen erarbeitet. Versetze dich in die Lage eines Schülers der Klasse 5a und stelle mit den eben gefundenen inhaltlichen Schwerpunkten der Klassenfahrt selbst einen ausführlichen Brief zusammen.

Liebe Mutti,

....

Dein/e __________

3. Lernschritt

Lege den Briefinhalt fest

- Überlege, was *dich beeindruckt* hat und was den *Empfänger interessieren* könnte!
- Lege *inhaltliche* Schwerpunkte bei den übergeordneten Begriffen fest und schreibe dazu einen entsprechenden Text!

4 Wie ein Brief gestaltet sein kann

4.1 Die Gestaltungsform hängt vom Thema ab

Christoph grübelt nicht nur über dem Brief an seine Mutter bzw. an seine Eltern. Er möchte auch einem Freund schreiben, und Tante Christine und die Großeltern erwarten auch einen Brief von ihm.

Er ist sich nicht sicher, ob er jeweils einen **Bericht** verfassen oder eine **Erzählung** anbieten soll. Vielleicht käme auch noch eine **Beschreibung** in Frage, oder soll er gar die *verschiedenen Gestaltungsformen* mischen?

Dabei erinnert sich Christoph an einige *Kennzeichen* der verschiedenen Gestaltungsformen (Aufsatzarten).

- **erzählen:** anschaulich, spannend, lebendig, mit wörtlicher Rede, mit der Darstellung von Gefühlen und Gedanken
- **berichten:** sachlich, knapp, wahr, tatsachengemäß,ohne persönliche Hinweise, mit klaren Ausdrücken
- **beschreiben:** durch treffende Ausdrücke, mit eindeutigen Aussagen, mit Einzelheiten, in der richtigen Reihenfolge, informativ, mit Fachbegriffen

Er kann

Je nach Thema, das weiß er, muß ein Brief nämlich in einer bestimmten Darstellungsform gestaltet werden.
Wie wird sich Christoph in den folgenden Fällen vermutlich entscheiden? Unterstreiche im Text den jeweiligen *Inhalt rot*, die entsprechende *Gestaltungsform grün* und die *Bezeichnung für den Empfänger blau*.

Christoph will:

1. ... seinen Eltern über den Höhepunkt der Klassenfahrt, die Zugspitzfahrt, berichten.
2. ... einem Freund im lockeren Erzählstil mitteilen, wie es ihm auf der Klassenfahrt vor Ort bisher gefallen hat.
3. ... seiner Tante einen Ausflug nach Mittenwald während der Klassenfahrt so beschreiben, daß sie diesen Ausflug auch alleine durchführen kann.
4. ... seinen Großeltern von einem Ausflug in die Höllentalklamm schreiben, doch ist er sich nicht sicher, ob er seinen Brief am besten erzählend, berichtend oder beschreibend abfassen soll.

Trage die Ergebnisse dann in die folgende Tabelle ein und ergänze die Leerstellen.

Nr.	Empfänger	Gestaltungsform	Inhalt
1	Eltern	____________	____________ ____________
2	________	____________	Höhepunkt: Besonderheiten im Ort
3	________	Beschreibung	____________ ____________
4	________	____________	____________ ____________

(Lh: S. 7, Nr. 7)

4.2 Gestaltungsmerkmale erkennen

Damit du einen noch genaueren Eindruck davon bekommst, worum es beim Gestalten geht, liest du am besten die folgenden vier Briefabschnitte genau durch. Schreibe danach auf die durchgezogenen Linien am Ende der Texte, ob im Brief mehr berichtet, erzählt, beschrieben wird oder ob verschiedene Gestaltungsformen gemischt werden. Begründe jeweils deine Meinung.

Beispiel 1:

... Pünktlich um 7.53 Uhr fuhr der IC 385 Frankenkurier in Nürnberg ab. Nach zwei kurzen Aufenthalten in Augsburg und München-Pasing erreichte der Zug fahrplanmäßig um 9.34 Uhr den Hauptbahnhof München. ...

Gestaltungsform: ______________________ Begründe: ....

Beispiel 2:

... Jedes Mal, wenn ein neuer Fahrgast die Seilbahngondel betrat, schwankte diese ein wenig. Nach kurzer Zeit hörten wir eine Lautsprecherdurchsage, die zum schnellen Besteigen der Gondel aufforderte. Danach schlossen

sich die beiden Schiebetüren automatisch. Noch ein „Kling, kling, kling" – vom Zugseil gezogen, schwebten wir jetzt am Tragseil lautlos zum Gipfel.
...

Gestaltungsform: ______________________ Begründe: ....

Beispiel 3:

... war die sechsstündige Wanderung sehr mühsam, und Daniela machte echt schlapp. Da schrie Uwe ganz wild: „Halt stehen bleiben, stehen bleiben! Daniela geht es nicht gut. Sie liegt da oben auf der Wiese!" Sofort rannte unsere Lehrerin den Berg hinauf. ...

Gestaltungsform: ______________________ Begründe: ....

Beispiel 4:

... Am Mittwoch, 17.07.92, sprachen wir während unserer Wanderung nach Mittenwald auch über das Essen vom Vortag. Stefan meinte: „So ein Fraß! An dem zähen Fleisch kaut sogar unser Hund noch schwer – und die Klöße hätten besser Matschis geheißen!" Dem widersprach Paul ruhig und gab zu bedenken, daß nicht jedes Stück Fleisch gleich gut zubereitet werden könne. ...

Gestaltungsform: ______________________ Begründe: ....
(Lh: S. 7, Nr. 8)

An diesen Beispielen hast du erkannt, daß persönliche Briefe berichtend, erzählend oder beschreibend dargestellt werden können und wie sich die einzelnen Gestaltungsformen unterscheiden. Auch Mischformen sind möglich.

4. Lernschritt

Gestalte den Brief

- Die Gestaltungsform hängt vom *Thema* ab.
- In persönlichen Briefen können Gestaltungsformen *einzeln* oder *gemischt* vorkommen.

5 Wie man persönliche Briefe schreibt

Der Schüler Peter hat an seinen Freund Max, der in Nürnberg wohnt, folgenden Brief von der Klassenfahrt nach Garmisch-Partenkirchen geschrieben. Lies ihn aufmerksam durch.

Garmisch-Partenkirchen, 18.07.1992

Lieber Max,
nach einer lausigen Fahrt im Rumpelexpreß sind wir endlich hier angekommen. Dann kommt schon gleich der nächste Hammer: Mit einem Bus müssen wir einige Kilometer zur Jugendherberge fahren. Sie liegt so weit weg, daß wir ohne Fahrrad total aufgeschmissen sind. Außerdem hängen wir dort in häßlichen Sechsbettzimmern herum. Gestern hat uns der Wilde nach Mittenwald gescheucht. Den ganzen Tag sind wir unterwegs gewesen! Da ist es ja kein Wunder, daß ich mir am rechten Fuß eine Blase geholt habe. Vielleicht hat ihm das zu denken gegeben, denn heute lassen wir es im Wellenbad langsamer angehen. Gespannt bin ich schon darauf, doch das wird bestimmt auch wieder ein Flop. Immer darfst du nur das tun, was gerade für alle angesagt ist. Naja, morgen dann noch die Zugspitzfahrt – hoffentlich bei schönem Wetter – und dann ist diese langweilige Klassenfahrt endlich vorbei. Am Samstag machen wir dann wieder ein Faß auf!
Dein Peter

Peter hat diesen Brief an seinen Freund Max in sehr persönlicher Form geschrieben, was man an dem zwar freundlichen, aber doch recht kumpelhaften Ausdruck erkennen kann. Um seinem gleichgesinnten Freund Max zu imponieren, verwendet er häufig sogar übertreibende Formulierungen, wie z.B. lausige Fahrt, Rumpelexpreß, Hammer, total aufgeschmissen, der Wilde, ...

Schreibe Peters Brief auf deinem Block um. Behalte den Inhalt bei, gestalte ihn im Ausdruck aber so, als würdest du den Brief an deine Eltern schreiben.

Garmisch-Partenkirchen, 18.07.1992

Liebe Eltern,
nach einer mäßigen Bahnfahrt sind wir endlich mit einiger Verspätung angekommen. .... (Fahre fort!)

(Lh: S. 8, Nr. 9)

Du hast jetzt erkannt, wie verschieden man persönliche Briefe mit nahezu dem *gleichen* Inhalt an *unterschiedliche* Empfänger schreiben kann.

Versuche jetzt, auf deinem Block einen Brief von einer Klassenfahrt abzufassen, die du selbst erlebt hast. Schreibe den Brief *im Erzählstil* an deine Eltern.

Ein Brief von meiner Klassenfahrt

Ort, Datum

Liebe Eltern,

....

Musterbeispiel im Erzählstil

Ein Brief von einer Klassenfahrt

Garmisch-Partenkirchen, 20.07.1992

Liebe Oma,

auf unserer Klassenfahrt gefiel es mir sehr gut.
Gestern fuhr ich das erste Mal in meinem Leben mit einer Seilbahn. An der Talstation drängten wir uns ganz ungeduldig in die Seilbahnkabine hinein. Plötzlich klingelte es recht schrill, und der Schaffner telefonierte. Kurz darauf schwebten wir in der Gondel langsam und gleichmäßig zum Gipfel. Du kannst Dir nicht vorstellen, was das für ein Gefühl war. Immer, wenn die Kabine über einen Masten fuhr, verspürte ich im Bauch ein Kitzeln und Kribbeln. „Ist das nicht nicht eine herrliche Aussicht auf den See?" fragte jemand begeistert. Doch gerade als ich mich wohlfühlte, passierte es. Die Seilbahn blieb ruckartig stehen! Sofort schrien verschiedene Fahrgäste: „Wir stürzen ab! Unser letztes Stündlein hat geschlagen!" Wir alle wurden kreidebleich vor Angst. Der Schaffner redete beruhigend auf uns ein: „Bitte keine Aufregung. Die Seilbahn fährt bestimmt gleich weiter." Trotzdem zitterte ich am ganzen Leib. Da, auf einmal noch ein kräftiger Ruck! Die Gondel sackte nach unten – und fuhr dann wieder los. Erleichtert gondelten

Ort, Datum
Anrede

Einleitung
Hauptteil
Talstation als Ausgangssituation

Gefühle des Absenders an Empfänger
wörtliche Rede
Steigerung der Spannung
ein Ereignis im Mittelpunkt

erzählend
Spannung

Höhepunkt

persönliche Empfindung	wir bis zur Bergstation weiter. Doch kurz vor dem Ziel packte uns wieder die Angst. Gerade als wir unter uns nur steile Felsen sahen, ruckte die Kabine wieder. „Kei-
wörtliche Rede	ne Panik", meinte der Schaffner, „jetzt wird die Seilbahngondel abgebremst, damit sie mit niedriger Ge-
Spannungsabfall	schwindigkeit in die Station einfahren kann. Es soll ja nichts beschädigt werden."
Schluß *Empfänger*	Endlich war es soweit, und wir durften am Gipfel aussteigen. Du kannst Dir nicht vorstellen, was wir dort er-
Ausblick	lebten: herrlicher Sonnenschein, blendender Schnee, gute Fernsicht und eine wohlige Wärme. Wenn wir uns wiedersehen, erfährst Du mehr davon.
Gruß	Bis dahin alles Gute für Dich
Unterschrift	Deine Pauline

4. Kapitel

Briefe sachlichen Inhalts

Cafeteria in der Schule

Lernziele:

Sachliche Mitteilungen in Briefform darstellen können und dabei formale Merkmale eines Briefes beachten
Wissen, daß sich der Inhalt eines sachlichen Briefes auf einen bestimmten Anlaß bezieht
Erkennen, daß sich die Darstellungsart in einem sachlichen Brief nach dem Verhältnis zwischen Absender und Empfänger richtet
Briefe und Briefausschnitte mit berichtender, beschreibender, begründender und auffordernder Gestaltungsform kennenlernen und verfassen können
Sprachliche Mittel der jeweiligen Gestaltungsform erkennen und anwenden

Briefe mit sachlichem Inhalt schreiben

1 Den sachlichen Brief von Anlaß und Darstellung her kennenlernen

Bei einer Klassensprecherversammlung beschweren sich manche Schüler, daß sie in der Schule keinen Raum haben, in dem sie sich in Freistunden oder in der Mittagspause zusammensetzen können, um sich miteinander zu unterhalten oder um miteinander zu spielen.
Nach kurzer Diskussion wird verlangt, die *Einrichtung einer Cafeteria* in der Schule zu beantragen.

Betrachte das folgende Bild.

Notiere dir auf deinem Block einige Gedanken, zu denen dich die Betrachtung dieses Bildes angeregt hat. Denke daran, daß daraus ein Brief an Herrn Böhm, den Direktor der Schule entstehen soll, in dem die Einrichtung einer Cafeteria in der Schule beantragt wird.

....

Schließlich werden in der Klassensprecherversammlung zwei der Klassensprecher beauftragt, je einen Brief an den Direktor der Schule zu schreiben.

Lies die folgenden Entwürfe der beiden Schüler genau durch und vergleiche sie kritisch.
Worin unterscheiden sich die beiden Briefentwürfe?

(Lh: S. 9, Nr. 1)

Entwurf 1 – Klassensprecher der 6a

Sehr geehrter Herr Direktor Böhm,
auf der letzten Klassensprecherversammlung haben wir festgestellt, daß in der Schule ein gemütlicher Aufenthaltsraum für die unterrichtsfreie Zeit fehlt. Deshalb fordern wir, daß sofort ein solcher Raum eingerichtet werden muß. Wir werden uns darin den ganzen Tag über unbeaufsichtigt aufhalten und unserem Vergnügen nachgehen: Cola trinken, Fritten essen, uns unterhalten, Spiele machen, Musik hören, auf die Lehrer schimpfen oder sie loben, ... Auch eine Glücksspielecke und eine Videocorner sind vorgesehen.Bestimmt lernen wir danach leichter, besser und schneller. Vor allem deshalb rechnen wir mit Ihrer tatkräftigen Unterstützung.

Mit den besten Wünschen für eine gute Zusammenarbeit verbleibt
Werner Haube, Klassensprecher der 6a

Entwurf 2 – Klassensprecher der 6b

Sehr geehrter Herr Direktor Böhm,
auf der letzten Klassensprecherversammlung haben sich verschiedene Schüler gewünscht, daß in unserer Schule eine Cafeteria eingerichtet werden soll. Dies scheint notwendig, weil wir in der unterrichtsfreien Zeit nicht so recht wissen, wo wir uns aufhalten sollen – und die Aula ist einfach nicht gemütlich.
Hätten wir eine Cafeteria, könnte diese wie folgt benutzt werden: In Freistunden, vor allem am Vormittag, könnte man bei einem Täßchen Kaffee oder Tee seine Hausaufgaben rasch noch aufarbeiten. Während der Mittagspause nimmt der Besucher einen Imbiß und einen Drink zu sich und entspannt sich dabei. Auch für die Wartezeiten auf Bahn und Bus ist ein Aufenthalt in der Cafeteria nur von Vorteil. Selbstverständlich wird auch das Kartenspielen, sei es Schafkopf oder Skat, erlaubt.
Bevor wir weiter an die Einrichtung einer Cafeteria denken, möchten wir von Ihnen als Hausherr wissen, ob Sie damit einverstanden sind.

Wir hoffen auf Ihre baldige Zustimmung.
Fritz Klein, Klassensprecher der 6b

Jeder Schüler hat aus gleichem *Anlaß,* nämlich der Einrichtung einer Cafeteria, einen Brief an den Direktor der Schule geschrieben. Doch jeder Schüler hat andere *inhaltliche Schwerpunkte* gesetzt.
Trage in die Leerstellen der Tabelle ein, zu welchen Zwecken die Cafeteria eingerichtet werden soll.

Werner Haube	**Fritz Klein**
gemütlicher Aufenthaltsraum	
	Kaffee und Tee
Fritten essen	

(Lh: S. 9, Nr. 2)

An zwei Beispielen hast du gesehen, daß man beim Schreiben von sachlichen Briefen zum gleichen Anlaß *verschiedene* inhaltliche Schwerpunkte setzen kann.

Ähnlich ist das bei der sprachlichen Darstellung von sachlichen Briefen. Dabei kann man auf verschiedene *Art und Weise* auf den *Empfänger*, in unserem Fall den Direktor der Schule, eingehen. Dies ist vor allem Werner Haube offensichtlich nicht ganz gelungen.

Streiche aus seinem Entwurf die Textstellen heraus, die deiner Meinung nach entfallen oder geändert werden sollen. Schreibe den Brief von Werner Haube so um, daß der Schulleiter den Antrag nicht sofort ablehnt.

....

(Lh: S. 9, Nr. 3)

Sicherlich ist dir beim Lesen der Briefentwürfe aufgefallen, daß darin insgesamt vier *rechtschriftliche Besonderheiten* vorkommen, die nur für das Schreiben von Briefen gelten.
Markiere in den beiden Texten diese vier Abweichungen von der sonst üblichen Rechtschreibung und nenne die entsprechend Rechtschreibregel.

....

(Lh: S. 10, Nr. 4)

1. Lernschritt:

Achte auf Anlaß und richtige Darstellung

- Der Briefinhalt richtet sich nach den *Interessen* des *Absenders.*
- Der sachliche Briefstil verlangt, daß der Absender einen *persönlichen Abstand* zum Empfänger nehmen muß.
- *Anredefürwörter* und *Höflichkeitsanreden* werden *groß* geschrieben.

2 Den Inhalt des Briefes festlegen

Vor der Festlegung des genaueren Briefinhalts sollst du dir die äußeren Merkmale eines Briefes noch einmal in Erinnerung rufen. Lies deshalb die entsprechenden Stellen auf den Seiten 42-44 noch einmal durch.

Bei sachlichen Briefen verwendet man jedoch für die *Anrede* meist:

Sehr geehrte Damen und Herren,
Sehr geehrter Herr Böhm,
Sehr geehrte Frau Müller,
Verehrter Herr Gruber,
u.ä.

Als *Gruß* schreibt man bei sachlichen Briefen meist:

Mit freundlichen Grüßen
Mit vorzüglicher Hochachtung
Mit freundlichem Gruß
Mit besten Empfehlungen
u.ä.

Wie auch du herausgefunden hast, ist insbesondere der Briefentwurf von Werner Haube nicht ganz gelungen. Deshalb haben sich beide Klassensprecher zusammengesetzt und gemeinsam erst einmal den Entwurf von Werner Haube überarbeitet.
Lies die beiden Brieffassungen durch und vergleiche sie nach folgenden Gesichtspunkten:

1. Streiche die Textstellen der Erstfassung durch, die nicht mehr in der Zweitfassung stehen.
2. Unterstreiche in der Zweitfassung die Aussagen, die neu bzw. ausführlicher aufgenommen worden sind.
3. Welche Absicht ist aus beiden Brieffassungen erkennbar?

....

(Lh: S. 10, Nr. 5)

Erstfassung – Werner Haube

Sehr geehrter Herr Direktor Böhm,

auf der letzten Klassensprecherversammlung haben wir festgestellt, daß in der Schule ein gemütlicher Aufenthaltsraum für die unterrichtsfreie Zeit fehlt. Deshalb fordern wir, daß sofort ein solcher Raum eingerichtet werden muß. Wir werden uns darin den ganzen Tag über unbeaufsichtigt aufhalten und unserem Vergnügen nachgehen: Cola trinken, Fritten essen, uns unterhalten, Spiele machen, Musik hören, auf die Lehrer schimpfen oder sie loben, ... Auch eine Glücksspielecke und eine Videocorner sind vorgesehen.

Bestimmt lernen wir danach leichter, besser und schneller. Vor allem deshalb rechnen wir mit Ihrer tatkräftigen Unterstützung.

Mit den besten Wünschen für eine gute Zusammenarbeit verbleibt

Werner Haube
Klassensprecher der 6a

Zweitfassung: W. Haube – F. Klein

Sehr geehrter Herr Direktor Böhm,

wir möchten an unserer Schule gerne eine Cafeteria einrichten, weil uns ein gemütlicher Aufenthaltsraum für die unterrichtsfreie Zeit fehlt.

Deshalb würden wir uns freuen, wenn wir Ihre Erlaubnis zur Einrichtung einer Cafeteria bekommen könnten. Damit diese nicht den ganzen Tag über unkontrolliert benutzt wird, legen wir die Öffnungszeit an Schultagen von 12.15 bis 14.00 Uhr und von 15.30 bis 17.30 Uhr fest. Während dieser Zeit beaufsichtigt die Schülermitverwaltung (SMV) den Cafeteriabetrieb. Außerdem legt die SMV auch das Warenangebot, nach Rückfrage bei Ihnen und den Mitschülern, fest. So gibt es: Cola, Limo, Säfte, Tee, Kaffee, Semmeln, Brezen, Wurst, Käse und Brot. Glücksspiele, Videos und Walkmen sind verboten!

Da wir nach einem entspannenden Cafeteriabesuch bestimmt leichter, besser und schneller lernen, unterstützen Sie sicherlich unsere Vorstellungen und genehmigen die Einrichtung der Cafeteria.

Dafür danken wir im voraus und verbleiben mit freundlichen Grüßen

Werner Haube und Fritz Klein
Klassensprecher der 6a und 6b

4. Schreibe einige Gedanken aus der Zweitfassung auf, die den Direktor möglicherweise zur Zustimmung veranlassen. Überprüfe dann, ob diese Aussagen in der Erstfassung schon vorkommen.
   .... (Lh: S. 10, Nr. 6)

Beim Vergleichen der beiden Fassungen ist dir bestimmt aufgefallen:

- Nicht alles, was man *selbst will* oder *denkt*, darf in einen sachlichen Brief geschrieben werden, so wie es Werner Haube in seiner Erstfassung getan hat.
- Im Brief muß nur das aufgenommen werden, was den *Empfänger* aus sachlichen Gründen *betrifft* oder was er wissen muß.

Diese Gedankengänge lassen sich im Schaubild darstellen:

1. Absicht:
Was will ich erreichen?

2. Empfänger:
Wen will ich ansprechen?

3. Form:
Wie schreibe ich den Brief?

4. Inhalt:
Welchen inhaltlichen Schwerpunkt wähle ich?

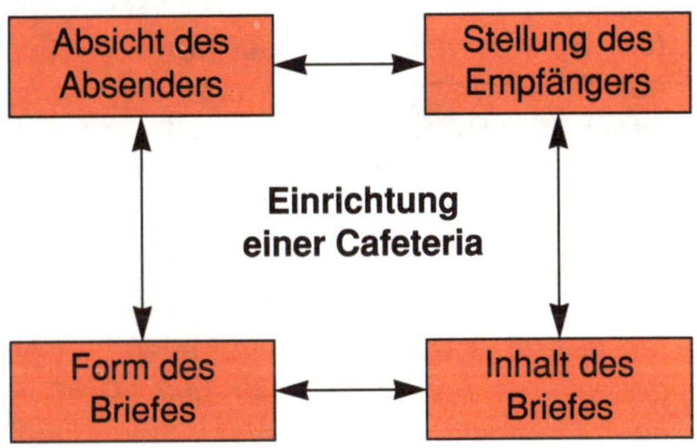

Überarbeite nun die Erstfassung des Briefes von Fritz Klein, dem Klassensprecher der 6b. Achte dabei auf die Punkte, die du gerade gelernt hast.

Zweitfassung: .... (Lh: S. 11, Nr. 7)

2. Lernschritt

Lege den Briefinhalt fest

- Überlege, was der *Absender* von der *Sache* her vom Briefempfänger möchte!
- Halte fest, was der *Briefempfänger* wissen muß!
- Notiere dazu *inhaltliche* Schwerpunkte!

3 Die Gestaltungsmerkmale eines sachlichen Briefes

Ähnlich wie der persönliche Brief, kann auch der sachliche Brief auf verschiedene Arten gestaltet werden, nämlich schwerpunktmäßig:

auffordernd, begründend, berichtend und/oder **beschreibend.**

In den folgenden vier Briefabschnitten geht es um die Cafeteria. Ehe du diese Abschnitte bearbeitest, sollst du die Tabelle durchlesen. In ihr sind die Gestaltungsmerkmale der verschiedenen Darstellungsformen einander gegenübergestellt.

berichtend:	sachlich, knapp, wahr, tatsachengemäß, mit Fachbegriffen, ohne Persönliches, mit klaren Ausdrücken – *Vergangenheit*
beschreibend:	treffende Ausdrücke, eindeutige Aussagen, mit Einzelheiten, in der richtigen Reihenfolge, informativ – *Gegenwart*
auffordernd:	kurz, klar, treffend, ohne Übertreibungen, keine Abschweifungen, dem Leser Sachliches verdeutlichen, ihn überzeugen wollen, kurze Aussagesätze – vorwiegend in den Zeitformen *Gegenwart* und *Zukunft*
begründend:	die Vorteile/Nachteile einer Sache darstellen, überzeugend abwägen, durch Beispiele veranschaulichen, eigene Meinung bringen – *verschiedene Zeitformen* sind möglich

Abschnitt 1

... am Donnerstag, 26.09.91, regnete es in der Mittagspause von 13.00 – 14.00 Uhr ununterbrochen. Weit über 150 Schüler drängten sich deshalb in der Aula unserer Schule. Viele Mitschüler mußten herumstehen, herumlaufen oder sich sogar auf den Boden setzen. Erst gegen 13.45 Uhr sperrte der Hausmeister verschiedene Klassenzimmer auf. Um Ihnen künftig nicht mehr über solche Mißstände berichten zu müssen, glauben wir, daß die Einrichtung einer Cafeteria ... .

Schreibe auf, wie dieser Briefausschnitt schwerpunktmäßig gestaltet wurde. Begründe deine Meinung mit den Aussagen der vorstehenden Tabelle.

....

(Lh: S. 11, Nr. 8)

Abschnitt 2

... Die Cafeteria-Pflichten der SMV sind wie folgt zu beschreiben:
Während der Öffnungszeiten sorgen immer je drei Schüler für den Verkauf, für die Ordnung im Raum und für den Nachschub an Essen und Getränken.
Derjenige Schüler, der die Cafeteria verläßt, soll seinen Platz so aufräumen, daß dann nur noch der Tisch abgewischt werden muß.
Das Warenangebot wird von der SMV und den Gästen festgelegt. Es dürfen nicht verkauft werden: ...

Notiere auf deinem Block die Darstellungsform dieses Briefabschnittes. Begründe deine Meinung mit Hilfe der Information aus der Tabelle.

....

(Lh: S. 11, Nr. 9)

Abschnitt 3

... Die Cafeteria soll im Zimmer 008 eingerichtet werden, denn dort finden wir Kalt- und Warmwasser sowie zahlreiche Steckdosen.
Außerdem ist dieser Raum nämlich so groß, daß man Stühle und Tische für ca. 60 Personen aufstellen kann. Somit fühlt man sich nicht eingeengt.
Auch liegt das Zimmer innerhalb der Schule zentral.
Darüberhinaus befindet sich weder gegenüber noch seitlich ein anderes Klassenzimmer. Deshalb wird durch den Betrieb der Cafeteria kein Unterricht gestört.
Weil das Zimmer 008 einen Gruppenraum hat, den wir als Lager für die Cafeteria gut gebrauchen können, eignet es sich besonders für unseren Zweck.
Darum sind wir sehr zuversichtlich, daß Sie ...

Nenne die Darstellungsart dieses Abschnitts. Begründe deine Wahl.

....

(Lh: S. 11, Nr. 10)

Abschnitt 4

... Die Cafeteria kann an einem Elternabend bis 22 Uhr geöffnet werden. Dazu bitten wir um Ihre Erlaubnis.
Sie haben doch Verständnis dafür, daß wir ein wenig Geld für die SMV-Kasse verdienen wollen. Gleichzeitig erfahren die Eltern mehr über die

Cafeteria. Als Erziehungsberechtigte möchten doch auch sie einen Eindruck davon haben, wo sich ihr Kind in einem Teil seiner Freizeit aufhält. Schließlich „versüßen" wir unseren Gästen den Besuch des Elternabends. Auch Sie als Direktor haben sicherlich großes Interesse daran, daß es den Eltern in unserer Schule gefällt. Ein erholsamer Aufenthalt in der Cafeteria trägt dazu echt bei ...

Begründe, welche Gestaltungsform in diesem Abschnitt betont wird.

....

(Lh: S. 12, Nr. 11)

Die genannten Gestaltungsformen kann man auch durch Fragen erschließen:

1. berichtend:	Wird der Leser knapp und in der richtigen Reihenfolge über das Wesentliche eines Sachverhalts informiert?
2. beschreibend:	Wird dem Leser eine Tätigkeit so genau beschrieben, daß er sie nachahmen kann?
3. begründend:	Ist das Problem sachlich dargelegt, begründet und beurteilt worden?
4. auffordernd:	Wird der Leser dazu aufgefordert, etwas Bestimmtes zu tun?

Du hast an vorstehenden Briefabschnitten erarbeitet, daß sachliche Briefe schwerpunktmäßig berichtende und beschreibende, auffordernde und begründende Teile enthalten können.

3. Lernschritt

Gestalte den sachlichen Brief

- In sachlichen Briefen kommen vorwiegend *sachliche* Gestaltungsformen vor.
- Sachliche Gestaltungsformen *fordern auf, begründen, beschreiben* und/oder *berichten*.

4 Wie man sachliche Briefe schreibt

Der Schüler Uwe hat folgenden Brief an Herrn Böhm, den Direktor seiner Schule, entworfen. Lies den Brief aufmerksam durch.

Nürnberg, 18.10.1992

Sehr geehrter Herr Böhm,
wie wir in der SMV beschlossen haben, richten wir in unserer Schule eine Cafeteria ein. Dabei setzen wir schon heute Ihre Zustimmung voraus. Was sollten Sie auch dagegen haben, denn wir kümmern uns ja selbst um alles und entlasten so Lehrer und Schulleitung.
Den Nebenraum vom Physiksaal haben wir schon ausgeräumt und aus verschiedenen Klassenzimmern reichlich Tische und Stühle herangeschafft. Im Moment sind wir dabei, uns einen Kühlschrank, einen Mikrowellenherd und einen Gefrierschrank zu besorgen; auch die Küchenzeile ist schon bestellt. Vom Finanziellen her brauchen Sie sich keine Gedanken zu machen, denn wir haben soviel Geld in der SMV-Kasse, daß wir sogar noch eine Theke mit Zapfanlage bestellen können, wenn das notwendig werden sollte.
Außerdem muß die SMV an der Cafeteria schon einiges verdienen, damit die SMV-Kasse wieder voll wird. Die Cafeteria muß an jedem Schultag von 7.30 bis 18.00 geöffnet sein. Das Personal für Verkauf, Reinigung, Lieferung usw. muß von der Schule gestellt werden. Weil die Cafeteria bei den Mitschülern sehr gut ankommt, wie wir meinen, müssen auch Sie schon heute an Erweiterungsmöglichkeiten denken.
Schließlich sollen die Schüler in ihrer Frei- und Wartezeit nicht in der Schule herumhängen. Dieses Problem ist für Sie jetzt vom Tisch, denn die Mitschüler halten sich nun in der Cafeteria auf. Deshalb sind Sie uns zu Dank verpflichtet und bestätigen Ihre Zustimmung schriftlich, damit alles seine Ordnung hat.
Mit besten Grüßen
Uwe Brand
Schulsprecher

Bestimmt hast auch du herausgefunden, daß Uwe seinen Brief nicht angemessen verfaßt hat. Verbessere Uwes Entwurf und bearbeite zunächst folgende Arbeitsaufträge.

Lies die Zeilen 1 bis 5 noch einmal. Streiche die unpassenden Textstellen und formuliere anschließend diesen ersten Absatz *mit eigenen Worten.*

.... (Lh: S. 12, Nr. 12)

Wende dich nun den Zeilen 6 bis 13 zu. Dort sind verschiedene Tätigkeiten beschrieben, die von den Schülern unerlaubterweise bereits durchgeführt worden sind. Schreibe diesen Absatz neu. Wähle dabei eine *auffordernd-bittende* Gestaltungsform.

.... (Lh: S. 12, Nr. 13)

In den Zeilen 14 bis 19 befinden sich verschiedene Festlegungen, die auf diese Art und Weise von der SMV nicht erledigt werden dürfen. Unterstreiche diese Textstellen. Schreibe danach den gesamten Absatz in *sachlich-beschreibender* Gestaltungsform neu.

.... (Lh: S. 13, Nr. 14)

Zahlreiche Formulierungen in den Zeilen 20 bis 24 sind einfach ungehörig, denn Uwe darf auf keinen Fall so schreiben, als sei er der Chef. Verfasse deshalb den Absatz neu, indem du ihn *begründend* ausarbeitest.

.... (Lh: S. 13, Nr. 15)

Du hast jetzt gelernt, daß man sachliche Briefe mit ähnlichem Inhalt an ein und denselben Empfänger mit verschiedenen Schwerpunkten schreiben kann.

4. Lernschritt

Wie ein Brief zu schreiben ist

- Vermeide auf jeden Fall *unangemessene* Forderungen!
- Wähle *eine* Gestaltungsform oder schreibe in einer *Mischform,* z.B. auffordernd-bittend!
- Achte streng auf eine dem *Empfänger* und der *Sache* angemessene Ausdrucksweise!

Verfasse nun auf deinem Block einen eigenen Brief an Herrn Böhm, in dem du von der Gestaltungsform her schwerpunktmäßig berichten, beschreiben, begründen und/oder auffordern kannst. Bedenke dabei allerdings immer, daß du etwas vom Empfänger willst und nicht er von dir. Wähle einen inhaltlichen Schwerpunkt, von dem du glaubst, daß der Direktor daraufhin der Einrichtung einer Cafeteria positiv gegenübersteht und ihr leichter zustimmt.

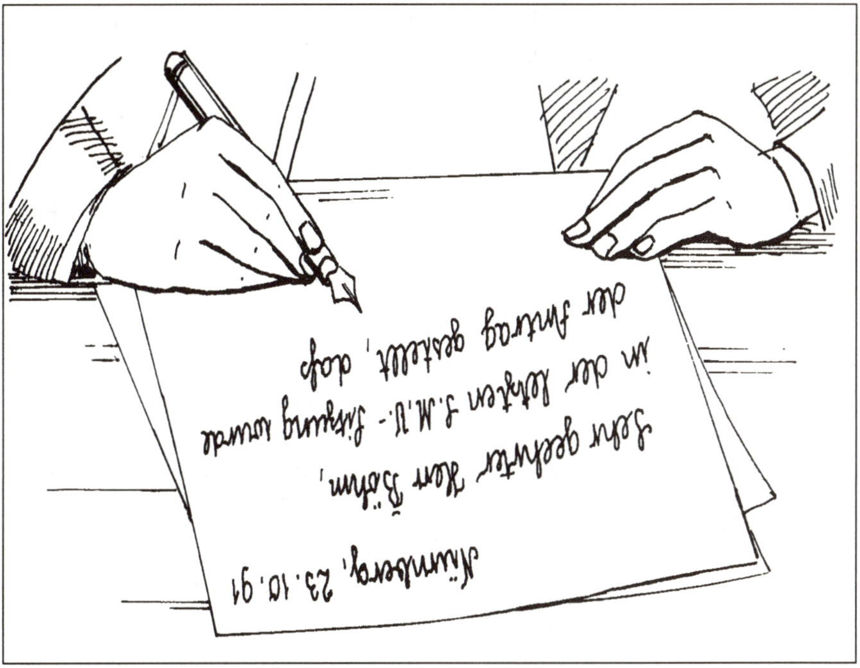

Ort, Datum

Sehr geehrter Herr Böhm,

....

Musterbeispiel für einen Brief

Thema

Anfrage zur Einrichtung einer Cafeteria in der Schule

Ort, Datum

Nürnberg, 25.10.1992

Anrede

Sehr geehrter Herr Böhm,

Anlaß

Absicht

immer wieder wird von Schülern das Schlagwort „Cafeteria" genannt. Als wir uns deshalb in der letzten Klassensprecherversammlung mit diesem Thema befaßt haben, hat sich herausgestellt, daß die Schüler großes Interesse an der Neueinrichtung einer Cafeteria in unserer Schule hätten.

Anfrage *Was soll sein?* *Rechtschriftliche Besonderheit*	Deshalb fragen wir heute bei Ihnen an, ob Sie uns erlauben würden, eine solche Cafeteria einzurichten. Damit Ihnen eine Entscheidung leichter fällt, möchten wir Ihnen kurz darstellen, wie wir uns die Sache mit der Cafeteria vorstellen.
beschreibend	Bisher sind die Schüler während ihrer schulischen Freizeiten (Freistunden, Mittagspause, Bus- und Bahnwartezeiten) alleine gelassen worden, und sie wissen vor allem bei schlechtem Wetter nicht, wo sie hin gehen sollen.
begründend informierend: *1. Grund* *2. Grund* *3. Grund*	Hier würde eine Cafeteria helfen, die in den entsprechenden Zeiten geöffnet wäre. Der Gast könnte sich dort antialkoholische Getränke oder einen kleinen Imbiß kaufen, ihn verzehren und sich mit anderen Schülern unterhalten. Was die Preise in unserer Cafeteria betrifft, so sollen sie zwar niedrig, aber doch gewinnbringend sein. Die Bewirtschaftung des neuen Treffpunktes würde die SMV übernehmen. Je nach dem Stundenplan der einzelnen Mitglieder werden Dienstzeit und Art der Tätigkeit festgelegt.
Ausblick *Selbstbeschränkung*	Um Getränke zu kühlen, Speisen zu wärmen, Gläser und Teller zu reinigen, sollten wir uns eine Kücheneinrichtung anschaffen. Den entsprechenden Betrag können wir zum großen Teil schon aus der SMV-Kasse bezahlen. Doch das ist ebenso Zukunftsmusik wie die Gedanken an die Einrichtung (Möblierung) der Cafeteria selbst, die als Cafehaus oder als Bistro gestaltet werden könnte.
Empfänger angesprochen *Aufforderung* *Gruß*	Sicherlich können Sie sich nun ein Bild von unseren Vorstellungen machen. Wir freuen uns auf eine baldige Antwort von Ihnen und verbleiben bis dahin mit freundlichen Grüßen
Unterschriften	Schulsprecher 1 Schulsprecher 2

5. Kapitel
Wegbeschreibungen

Von der Kirchenschule zum Abenteuerspielplatz
Rund um den Schloßsee

Lernziele:

Wesentliche Merkmale einer Wegbeschreibung erfassen
Einen Weg mit Hilfe eines Ortsplanes bzw. einer Wanderkarte genau beschreiben können
Erkennen, daß sich auffällige Dinge gut einprägen
Richtungs- und Entfernungsangaben richtig verwenden
Treffende Ausdrücke und sinnverwandte Wörter gebrauchen

Wegbeschreibungen

Von der Kirchenschule zum Abenteuerspielplatz

Familie Huber unternimmt einen Ausflug nach Germering. Im Augenblick befindet sie sich in der Nähe der Schule an der Kirchenstraße. Dabei kommt Heinz eine tolle Idee!
Betrachte in Ruhe das Bild.

Sicherlich hast du erkannt, daß Familie Huber in Germering den Abenteuerspielplatz besuchen will und der Vater sich nach dem Weg dorthin erkundigt.

Der Schuljunge Franz, der in Germering aufgewachsen ist und jeden Weg und Steg wie seine eigene Hosentasche kennt, weiß natürlich sehr genau, wie man von der Schule an der Kirchenstraße zum Abenteuerspielplatz gelangt. Kann Franz aber auch den Weg so genau beschreiben, daß ein Fremder, ohne nachfragen zu müssen, sicher sein Ziel erreicht?
Schreibe kurz auf, was man deiner Meinung nach bei einer Wegbeschreibung beachten muß.

....

Wesentliche Merkmale für das richtige Beschreiben eines Weges wirst du auf den nächsten Seiten erfahren.

1 Welche Einzelangaben kannst du dir schwer merken?

Franz gibt Herrn Huber folgende Wegbeschreibung:
„Gehen Sie auf der Schulgasse bis zur Fußgängerampel. Biegen Sie dort nach links in die Hörwegstraße ein, die nach **500 Metern halbrechts** in die Augsburger Straße einmündet. Laufen Sie dann ungefähr **700 Meter geradeaus**, bis zur Querstraße, der sogenannten Spange, kommen. Haben Sie diese überquert, setzen Sie ihren Weg bis zur **zweiten** Querstraße fort. Dort biegen Sie nach **links** in die Berliner Straße ein, die dann nach etwa **200 Metern** direkt zum Abenteuerspielplatz führt."

Herr Huber bedankt sich freundlich bei dem hilfsbereiten Jungen, der den Weg richtig beschrieben hat. Trotzdem kann sich der Vater den Wegverlauf nicht so recht merken.
Mehrmals muß er nachfragen:
„... halbrechts oder halblinks in die Augsburger Straße?"
„... noch 500 m oder 700 m bis zur Spange?"

Lies obigen Text nochmal durch und finde heraus, warum man sich die an sich richtige Wegbeschreibung von Franz schlecht vorstellen und einprägen kann. Die fett gedruckten Wörter geben dir die entscheidenden Hinweise.

....

(Lh: S. 14, Nr. 1)

Ordne nun *diese Wörter* richtig in die Tabelle ein.

Richtungsangaben	Entfernungen
links	

(Lh: S.14 , Nr. 2)

Für eine genaue Wegbeschreibung sind Angaben über Richtung und Entfernung grundsätzlich notwendig. Bei der *häufigen* und *ausschließlichen* Verwendung dieser Wörter:

links, rechts, links – 500 m, 700 m, 200 m

besteht aber die Gefahr, daß man ihre Reihenfolge verwechselt und sich deshalb verläuft.

1. Lernschritt:

Verwende direkt nacheinander nicht zu oft:

- *Richtungsangaben,* wie z.B. links, rechts, links!
- *Entfernungen* und *Zahlen,* wie z.B. 500 m, 200 m, *zweite* Querstraße!

2 Welche Angaben kannst du dir besonders gut einprägen?

Betrachte die Bildkarte von Germering auf Seite 71 genau.
Sie gibt den beschriebenen Weg und seine Umgebung anschaulich wieder. Verfolge einmal den auf der Karte *hellorange* unterlegten Weg von der Kirchenschule bis zum Abenteuerspielplatz.

Beschreibe nun auf deinem Block einem Fremden diesen Weg in leicht verständlicher Form.

....

Vergleiche jetzt deinen Entwurf mit der kurzen, aber anschaulichen Wegbeschreibung, die der Schüler Herbert verfaßt hat:

Gehen Sie auf der Schulgasse bis zur nächsten Querstraße. Bei der Verkehrsampel biegen Sie links ab und laufen auf dieser Straße immer geradeaus, bis Sie zu den weithin sichtbaren Hochhäusern der Witwen- und Waisenkasse (WWK) gelangen. Schräg gegenüber liegt das Amper-Einkaufszentrum (AEZ). Die zweite Querstraße nach diesem Gebäude führt links direkt zum Abenteuerspielplatz.

Man kann annehmen, daß auch ein Ortsunkundiger diesen Weg leicht findet, weil bei dieser Wegbeschreibung wichtige *Auffälligkeiten,* z.B. Gebäude (WWK, AEZ) als Ortsangaben verwendet wurden. Diese stellen eine anschauliche und *einprägsame Orientierungshilfe* dar.

Lies den auf die Karte folgenden Text auf S. 72 durch und unterstreiche mit Farbstift alle *auffälligen* Gebäudeangaben und sonstige ins Auge fallende Merkmale und Dinge, die auch auf der Bildkarte zu sehen sind.

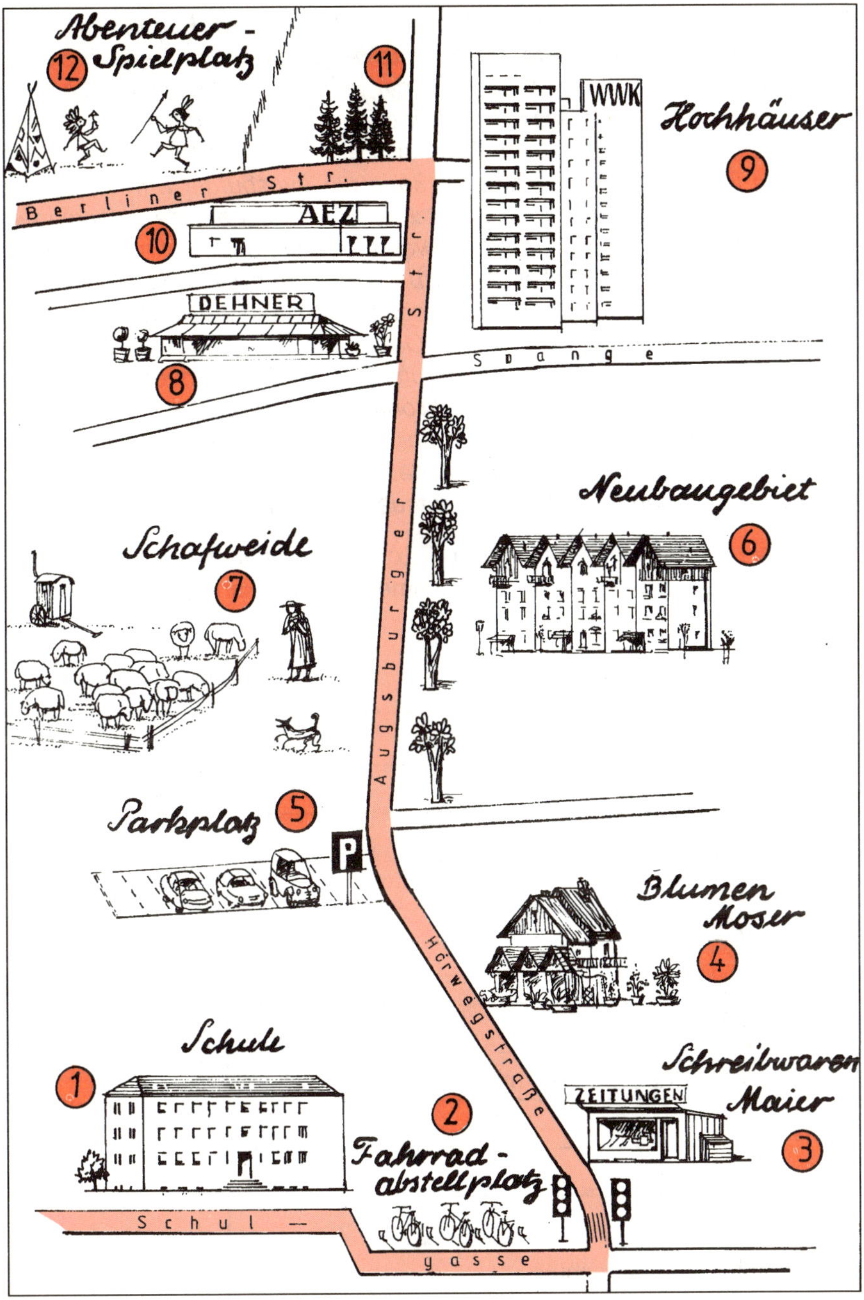

Abenteuer-Spielplatz
12
11
WWK
Hochhäuser
9
Berliner Str.
AEZ
10
DEHNER
Spange
8
Augsburger Str.
Neubaugebiet
6
Schafweide
7
Parkplatz
5
P
Blumen Moser
4
Hörwegstraße
Schule
1
Schreibwaren Maier
ZEITUNGEN
2
3
Fahrrad-abstellplatz
Schul-gasse

Von der Kirchenschule führt die Schulgasse bis zu einer Fußgängerampel. Linker Hand liegt der Fahrradabstellplatz der Schulkinder. Danach biegen Sie links ein in die Hörwegstraße. Auf der rechten Seite kommen Sie dann zuerst am Schreibwarengeschäft Maier und später am Blumenladen Moser vorbei. Ein Autoparkplatz (P) befindet sich auf der linken Straßenseite kurz vor der Einmündung der Hörwegstraße in die Augsburger Straße, die Sie nun weiter entlanggehen. Links ist jetzt freies Wiesengelände zu erkennen, auf dem zur Zeit eine Schafherde weidet. Gegenüber befindet sich ein Neubaugebiet mit Einfamilienhäusern, die mit roten Dachziegeln gedeckt sind. Überqueren Sie sodann die Autobahnzubringerstrecke (Spange). Auf der linken Seite tauchen das Dehner-Gartenzentrum mit dem grünen Dach und danach das Amper-Einkaufszentrum (AEZ) auf. Gegenüber von diesen beiden Gebäuden ragen die WWK-Wohnblöcke wie Wolkenkratzer in die Höhe. Bei der 2. Querstraße nach der Spange biegen Sie dort, wo sich eine kleine Fichtenbaumgruppe befindet, nach links in die Berliner Straße ein. Diese führt dann direkt zum Abenteuerspielplatz.

Schreibe nun alle von dir im obigen Text unterstrichenen *auffälligen Merkmale* heraus. Ordne sie – zu den Nummern der Bildkarte passend – in die Tabelle ein und ergänze die Leerstellen. (Lh: S. 14, Nr. 3)

	Nr.	Auffällige Merkmale	Straßennamen
Ziel	12	Abenteuerspielplatz	______
↑	11	______	Straße
	10	______	
	9	______	______
	8	______	Straße
	7	______	
	6	______	
	5	Parkplatz für Autos	
	4	______	Hörwegstraße
	3	______	
	2	______	
Start	1	Kirchenschule	Schul______

Mit Hilfe der Begriffe aus der Tabelle kann man somit schon eine vollständige Wegbeschreibung anfertigen. Beschreibe den Verlauf des Weges in kleinen Abschnitten, also Teilstrecke für Teilstrecke. Achte dabei auf die richtige Reihenfolge: Start —> Ziel!

Eine Beschreibung soll informieren, nicht unterhalten. Vermeide deshalb die wörtliche Rede. Gebrauche nur wichtige Straßennamen, wie z.B. Augsburger Straße. Ein Ortsunkundiger kann selbst Straßennamen an den Schildern lesen. Notiere dazu alle Auffälligkeiten in der Umgebung der Straße, wie z.B. Gebäude, Plätze, Geländeformen. Besonderheiten, die ins Auge fallen, kann sich ein Fremder recht gut merken. Sie stellen für ihn eine echte Orientierungshilfe dar, um schnell und genau ans Ziel zu gelangen. Gib nur die grobe Richtung und die ungefähre Entfernung an, in der das auffällige Gebäude oder Merkmal liegt.

2. Lernschritt

Gib Orientierungshilfen an

- Beschreibe genau und in der *richtigen* Reihenfolge die Teilstrecken!
- Verwende vorwiegend *wichtige* Straßennamen, z.B. Augsburger Straße!
- Notiere *auffällige* Merkmale, wie z.B. Gebäude, Plätze, besondere Grundstücke!

3 Treffende Ausdrücke verwenden

Bei einer Wegbeschreibung werden immer wieder ganz bestimmte Fehler in der Ausdrucksweise gemacht. Diese gilt es zu vermeiden. Folgende Textstellen sind einem Schüleraufsatz entnommen. Entdecke selbst die Ausdrucksschwächen. Achte vor allem auf den Satzbeginn!

- *Jetzt gehen Sie auf der Schulgasse. ...*
- *Dann biegen Sie links in die Hörwegstraße ein. ...*
- *Jetzt kommt die Augsburger Straße. ...*
- *Dann gelangen Sie zur Spange. ...*
- *Dort sieht man schon das AEZ-Gebäude. ...*
- *Von dort aus ist es nicht mehr weit bis ...*
- *Da befinden sich die WWK-Hochhäuser. ...*
- *Da ist eine Baumgruppe zu erkennen. ...*

Es ist unschwer zu erkennen, daß bei den Satzanfängen bestimmte Wörter (jetzt, dann, dort, da) gehäuft vorkommen und somit Wiederholungswörter (W!) sind. Das wiederholte Schreiben dieser Allerweltswörter kann man vermeiden. In der folgenden Tabelle findest du sinnverwandte Wörter.

Umstandswörter des Ortes **da, dort** ↓	**Umstandswörter der Zeit** **jetzt, dann** ↓
von hier aus, an diesem Ort, nicht weit davon, unweit dieser Stelle, ...	nachher, später, danach, sodann, anschließend, bald, hernach, nun, ...

Schreibe die acht Textstellen von Seite 73 unten ab und ersetze die Satzanfänge durch passende Umstandswörter aus der Tabelle.

....

(Lh: S. 15, Nr. 4)

Schüler Werner hat folgenden Aufsatz geschrieben, der weitere typische Fehler bei der Beschreibung eines Weges enthält.
Finde sie heraus.

Gehen Sie auf der Schulgasse bis zur Verkehrsampel. Anschließend gehen Sie nach links in die Hörwegstraße, die Sie bis zur Augsburger Straße entlanggehen. Danach kommt die Spange, über die man gehen muß. Nach den WWK-Blöcken kommt die Berliner Straße. Von dort aus kommt man direkt zum Abenteuerspielplatz.

In seiner Darstellung verwendet Werner oft die bekannten Zeitwörter „gehen" und „kommen". Gibt es hierfür auch andere Ausdrücke?
Nun könnte man zwar das Wort „gehen" ersetzen durch andere Begriffe aus dem Wortfeld „gehen" wie *wandern, laufen, schreiten, stolzieren, marschieren, spazierengehen, humpeln,* ...
Diese Zeitwörter dürfen jedoch nicht wahllos verwendet werden.
Denn: Wer *stolziert* schon auf dem Gehweg?
Wer *schreitet* über die Straße?

Alle Zeitwörter aus dem Wortfeld „gehen" sind also für die Wegbeschreibung nicht geeignet. In unserem Falle empfiehlt es sich, die immer wiederkehrenden Wörter „gehen" und „kommen" durch andere sinnverwandte Zeitwörter zu ersetzen wie

gelangen, erreichen, einbiegen,
überqueren, sich begeben, passieren,
sich bewegen, weiterlaufen, ...

Schreibe nun Werners Wegbeschreibung von Seite 74 unten ab und ersetze Wortwiederholungen durch treffende Zeitwörter. Ändere gegebenenfalls den einen oder anderen Satz ab.

....

(Lh: S. 15, Nr. 5)

Deinen Aufsatz solltest du auch sprachlich gut gestalten. Betrachte deshalb nochmals die auffälligen Gebäude und Merkmale auf der Bildkarte von Seite 71.
Schreibe dann die folgenden Sätze ab und ersetze dabei die Hilfszeitwörter „ist" und „sind" durch ausdrucksstarke Zeitwörter, die in der Grundform in Klammern angegeben sind.

2 Links vom Schulweg *ist* der Fahrradabstellplatz. (*liegen*)
3 Rechter Hand *ist* das Schreibwarengeschäft Maier. (*erkennen* Sie)
4 Rechts von der Straße *ist* der Blumenladen Moser. (*sehen* Sie)
5 Linker Hand *ist* ein großer Parkplatz. (*sich befinden*)
6 Rechts *sind* viele neugebaute Einfamilienhäuser. (*erblicken* Sie)
7 Auf der linken Seite *sind* Schafe auf der Wiese. (*weiden*)
8 In der Nähe der Spange *ist* das Dehner-Gebäude. (*sich erstrecken*)
9 Gegenüber *sind* die hohen WWK-Hochhäuser. (*sehen* Sie)
10 Links von der Augsburger Straße *ist* das AEZ. (*bemerken* Sie)

....

(Lh: S. 15, Nr. 6)

Durch die Wahl von treffenden Ausdrücken (Umstandswörter des Ortes und der Zeit, Zeitwörter, Eigenschaftswörter) kannst du deine Wegbeschreibung sprachlich abwechslungsreich gestalten. Verwende als Zeitstufe die Gegenwart (Präsens).

3. Lernschritt

Verwende treffende Ausdrücke

- *Wechsle* Satzanfänge ab, indem du Umstandswörter des Ortes (hier, dort) und der Zeit (danach, später) verwendest!
- Ersetze Allerweltswörter (gehen, kommen) durch *passende* Zeitwörter (z.B. gelangen)!
- Beschreibe den Weg in der *Gegenwart*!

Schreibe nun auf deinem Block eine Wegbeschreibung. Die zu beschreibende Wegstrecke ist auf dem Germeringer Stadtplan auf Seite 77 *hellorange* angegeben.

Vergleiche dann den Musteraufsatz auf Seite 78 mit deinem Aufsatzentwurf, verbessere diesen sorgfältig und schreibe sodann den Zweitentwurf.

Erstentwurf

Von der Kirchenschule zum Abenteuerspielplatz

....

Zweitentwurf

Von der Kirchenschule zum Abenteuerspielplatz

....

Beschreibe zur Übung auch noch einen weiteren Weg. Er ist auf dem Stadtplan von Germering auf Seite 77 *dunkelorange* unterlegt.

Erstentwurf

Vom Schreibwarengeschäft Maier zum Hallenbad

....

Viel Erfolg!

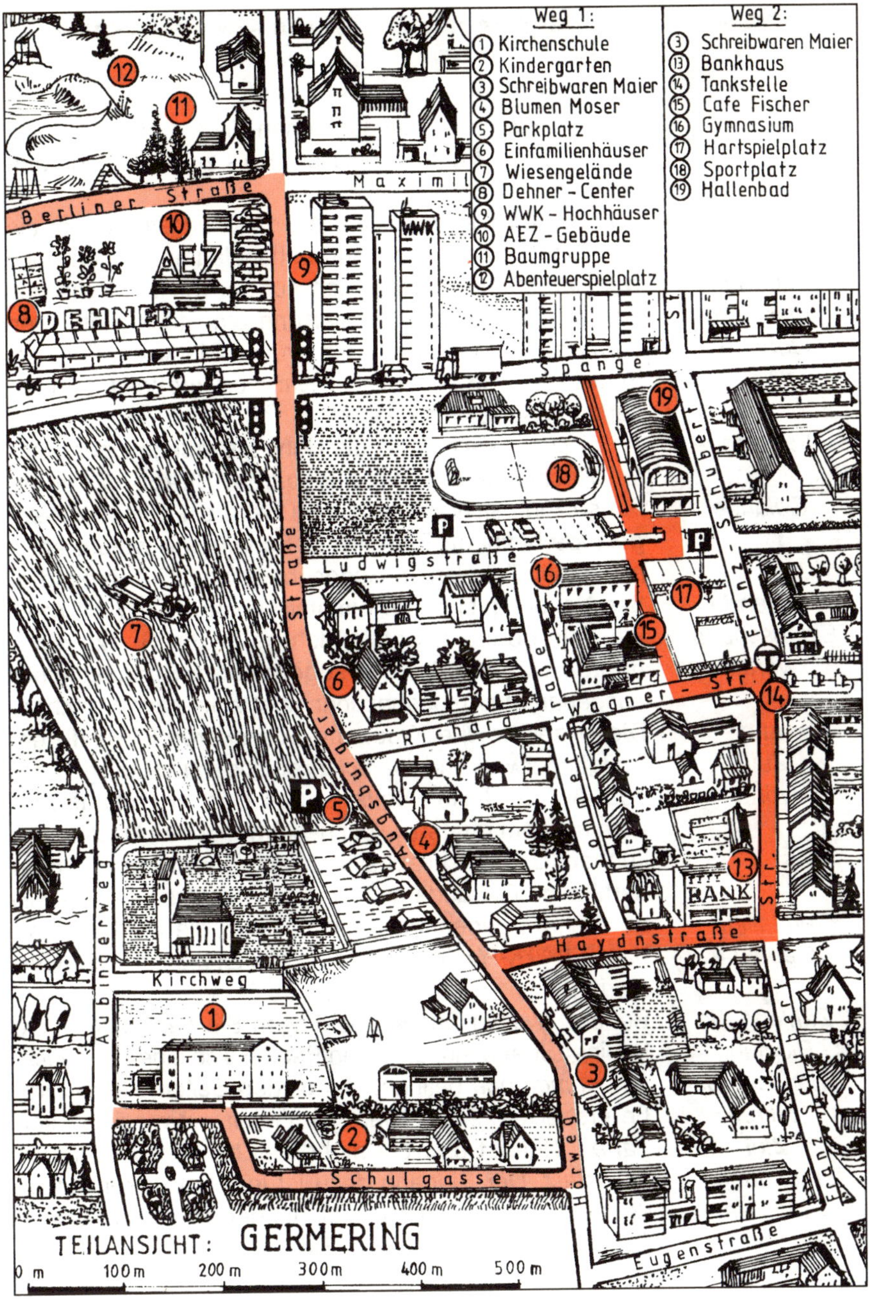
Weg 1:
① Kirchenschule
② Kindergarten
③ Schreibwaren Maier
④ Blumen Moser
⑤ Parkplatz
⑥ Einfamilienhäuser
⑦ Wiesengelände
⑧ Dehner - Center
⑨ WWK - Hochhäuser
⑩ AEZ - Gebäude
⑪ Baumgruppe
⑫ Abenteuerspielplatz
Weg 2:
③ Schreibwaren Maier
⑬ Bankhaus
⑭ Tankstelle
⑮ Cafe Fischer
⑯ Gymnasium
⑰ Hartspielplatz
⑱ Sportplatz
⑲ Hallenbad
Berliner Straße
Maximil
Spange
Ludwigstraße
Augsburger Straße
Richard - Wagner - Str.
Sommerstraße
Franz - Schubert - Str.
Haydnstraße
Kirchweg
Aubingerweg
Schulgasse
Hörweg
Eugenstraße
AEZ
DEHNER
BANK
TEILANSICHT: GERMERING
0 m
100 m
200 m
300 m
400 m
500 m

Thema	**Von der Kirchenschule zum Abenteuerspielplatz**
Start	Von der *Kirchenschule* aus gehen Sie auf der Schulgasse vorbei am Fahrradabstellplatz bis zur Fußgängerampel.
Richtung *Entfernung* *markante Gebäude* *Platz*	Dort biegen Sie nach *links* in die Hörwegstraße ein, die Sie dann immer geradeaus entlanglaufen. Schon nach *wenigen Metern* erblickt man auf der rechten Seite das *Schreibwarengeschäft Maier* und ein Stück weiter den *Blumenladen Moser* mit den grünen Markisen. Fast am Ende der Straße liegt linker Hand ein großer *Parkplatz*, der zur Martinskirche gehört.
Ortsangabe *Gelände* *treffende Eigenschaftswörter* *und Zeitwörter* *auffällige Gebäude*	*An dieser Stelle* mündet die Hörwegstraße in einer leichten Rechtskurve in die Augsburger Straße, an deren Fortsetzung sich auf der linken Seite ein freies *Wiesengelände* befindet. Eine kleine Schafherde weidet eben auf dieser Grünfläche. Gegenüber erstreckt sich ein großes Neubaugebiet. Die Einfamilienhäuser sind mit *roten* Zie-geln gedeckt. Schließlich gelangen Sie zu einer *breiten* Querstraße, der sogenannten Spange, einer *ausgebau-ten* Autobahnzubringerstrecke nach München. Diese gefährliche Kreuzung *überqueren* Sie auf dem Fußgängerweg und *marschieren* sodann weiter geradeaus. Auf der linken Seite ist das Dehner-Einkaufszentrum mit dem grünen, leicht geschwungenen Dach zu erkennen. Daran schließt sich unmittelbar das große, quaderförmige Gebäude des *Amper-Einkaufszentrum (AEZ)* an. Schräg gegenüber befinden sich die weithin sichtbaren *WWK-Hochhäuser*, die „Wolkenkratzer" von Germering.
Zahlangabe *Richtung* *Orientierungshilfen* ***Ziel*** *Erkennungshinweis*	Bei der *zweiten* Querstraße biegen Sie *nach links* in die Berliner Straße ein, an deren Beginn sich eine hohe *Fichtenbaumgruppe* befindet. An beiden Seiten dieser Straße erstrecken sich Einfamilienhäuser mit winzigen *Vorgärten*. Nun ist es nicht mehr weit bis zum *Abenteuerspielplatz*. Der Eingang dazu ist leicht zu erkennen an der aufgestellten Hinweistafel, auf der die verschiedenen Spielmöglichkeiten auf dem Platz verzeichnet sind.

Hier findest du den ersten Teil einer Wegbeschreibung zu einem Wanderweg. Lies den Text aufmerksam durch und überprüfe seine Aussagen mit den Abbildungen zu den einzelnen numerierten Teilstrecken der Bildkarte auf der Seite 80.

Rund um den Schloßsee

1 Der Ausgangspunkt unserer Wanderung ist der Parkplatz am Fischbach. Wir treffen uns bei der Statue des Brückenheiligen Nepomuk.

2 Von hier aus führt der Wanderweg in einer Linkskrümmung nach Kirchdorf. Vorbei an der Dorfkirche St. Nikolaus wandern wir auf dem Feldweg geradewegs zu einem Gelände, welches den Flurnamen „Zu den Filzböden" hat. Hier haben Landwirte vier Heuhütten angelegt.

3 Gegenüber erhebt sich eine niedere Anhöhe, welche mit Lärchen bewachsen ist und deshalb den Namen Lärchenhügel erhalten hat. Nun biegt der Weg in einer Kurve nach rechts ab und läuft durch ein Sumpfgebiet parallel zum flachen Seeufer.

4 In einer leichten Steigung kommt man zu einem Felsplateau. Von hier aus können wir den Schloßsee in seiner gesamten Ausdehnung bewundern. Daher besitzt dieser Standort auch den Namen „Schöne Aussicht". Parallel zu dem steil zum Seeufer hin abfallenden Hang zieht sich nun der Höhenweg entlang und senkt sich allmählich wieder ab zum See.

5 Schließlich sind wir beim alten Wasserschloß angelangt, welches früher als Festung vor dem Angriff von Feinden gedient hat und heute in ein Museum umgestaltet ist.

6 Wenn wir unsere Wanderung in nördlicher Richtung fortsetzen, so können wir auf der rechten Seite ein weiteres Zeugnis der Geschichte bestaunen, nämlich die gut erhaltene Römerschanze.

Fahre in diesem Stil fort und schreibe auf deinem Block jetzt den weiteren Wegverlauf an Hand der Bildkarte von der Römerschanze bis zur Dreilindenhöhe (Nr. 7 bis 14).

....

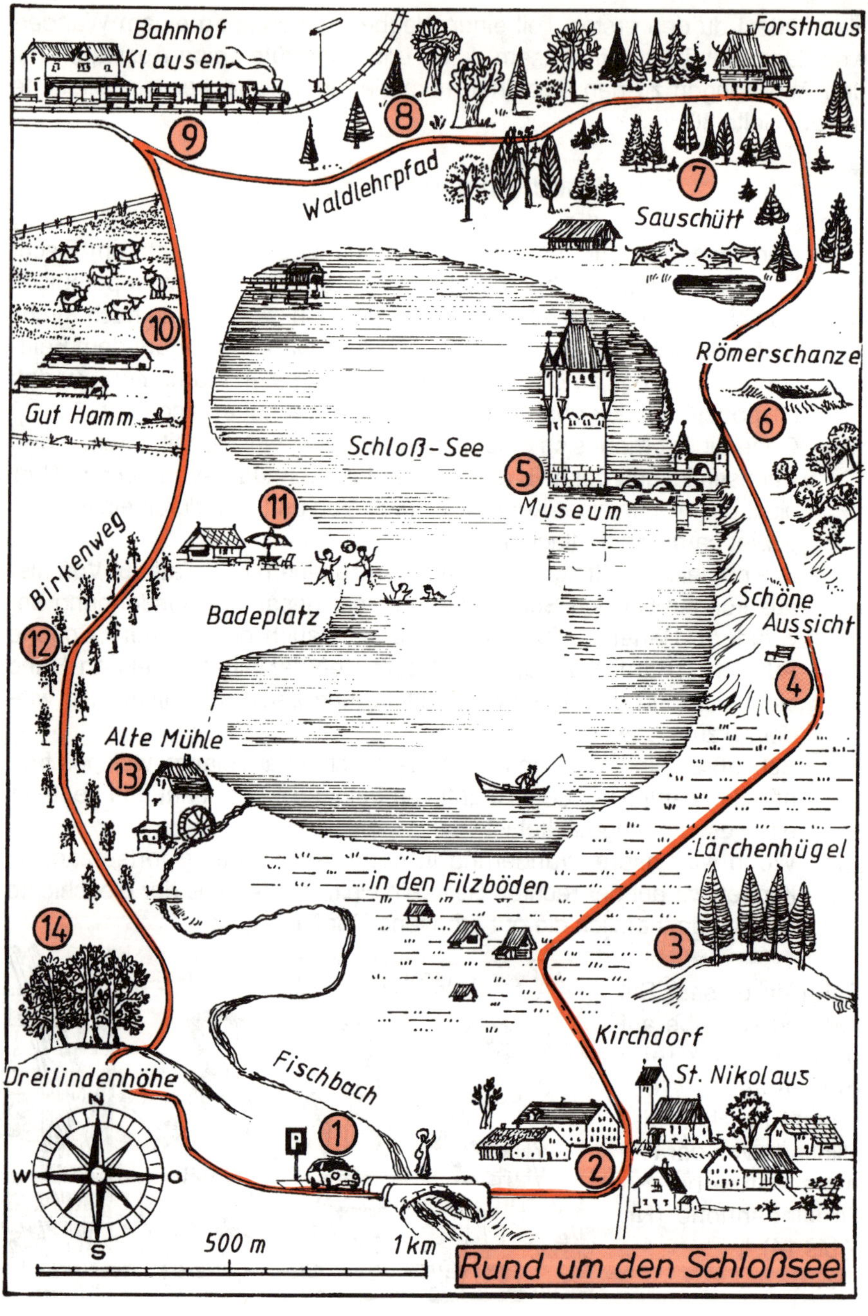
Bahnhof
Klausen
Forsthaus
8
9
Waldlehrpfad
7
Sauschütt
10
Römerschanze
6
Gut Hamm
Schloß-See
5
Museum
11
Birkenweg
Badeplatz
Schöne
Aussicht
12
4
Alte Mühle
13
Lärchenhügel
in den Filzböden
14
3
Kirchdorf
St. Nikolaus
Dreilindenhöhe
Fischbach
N
W
O
S
P
1
2
500 m
1 km
Rund um den Schloßsee

6. Kapitel

Beschreibungen

Spielanleitungen
Gebrauchsanweisung
Vorgangsbeschreibung

Lernziele:

Den Aufbau einer Spielanleitung kennenlernen
Den Spielverlauf richtig beschreiben
Eine ausführliche Spielanleitung nach Stichpunkten gestalten
Besondere Spielregeln selbständig verfassen
Eine Spielanleitung mit Gliederungshilfen anfertigen
Eine Gebrauchsanweisung zum Flicken eines Schlauches schreiben
Merkmale einer Gebrauchsanweisung/Vorgangsbeschreibung kennenlernen
Eine Vorgangsbeschreibung nach Stichpunkten gestalten

Spielanleitung

Die Klasse 6a einer Münchner Schule verbringt im Juni einen 8tägigen Schullandheimaufenthalt in der Jugendherberge in Streitberg in der Fränkischen Schweiz.

Betrachte das Bild. Worüber freuen sich die Kinder?

Am dritten Tag ihres Aufenthalts in Streitberg kehren die Schüler gerade von einem herrlichen Ausflug in die Tropfsteinhöhle bei Gößweinstein zurück in die Jugendherberge. Für den heutigen Spielabend haben einige Kinder schon von zu Hause interessante Spiele mitgebracht. Der Klassenlehrer macht zur Freude aller Anwesenden den Vorschlag, daß abends auch neue Spiele erfunden werden dürfen.

Auf den folgenden Seiten lernst du, wie man selbständig eine Spielanleitung verfaßt bzw. selbst ein neues Spiel mit all den dazu gehörigen Regeln entwickeln kann.

1 Wie eine Spielanleitung aufgebaut ist

1.1 Den Spielgedanken am Namen des Spiels erkennen

Abends spielen zwei Freunde im Freizeitraum der Jugendherberge Mühle. Dabei wollen wir ihnen zuschauen.

Werner hat die weißen, Peter die schwarzen Steine. Jeder Spieler versucht geschickt, dem Gegner möglichst viele Steine wegzunehmen. Dies gelingt durch den Bau von sogenannten „Mühlen".

Sicher ist dir das Mühlespiel bereits bekannt. Nach einiger Zeit ist folgender *Spielstand* zu erkennen:

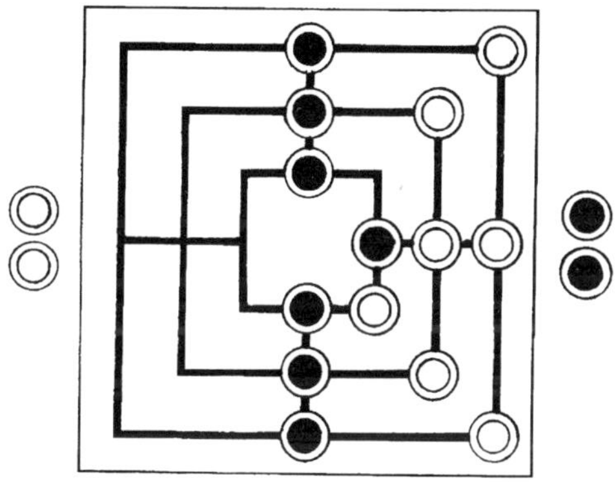

Betrachte das Bild.
Erinnere dich:
Wenn es einem Spieler gelingt, drei Steine in eine Reihe zu setzen, darf er dem Gegner einen beliebigen Stein wegnehmen, aber keinen aus einer Mühle.
Wer hat also gewonnen, wenn der Spieler mit den schwarzen Steinen ziehen darf? Begründe deine Meinung.

.... (Lh.: S. 16, Nr. 1)

Der *Spielgedanke*, möglichst schnell eine Mühle zu bauen, ist mit dem *Namen* des Spiels (Mühle) eng verbunden. Daraus ergibt sich der *Sinn* des Spiels. Deshalb ist es zweckdienlich, sich zunächst mit dem Begriff „Mühle" auseinanderzusetzen, seine Bedeutung zu erkennen.

Erkläre nun an Hand der folgenden Abbildungen die wichtigen Begriffe *„Mühle"* und *„Zwickmühle"*.

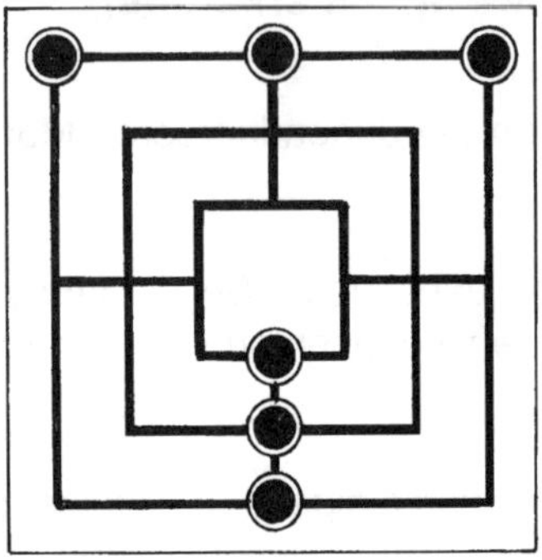

Zwei Mühlen

....

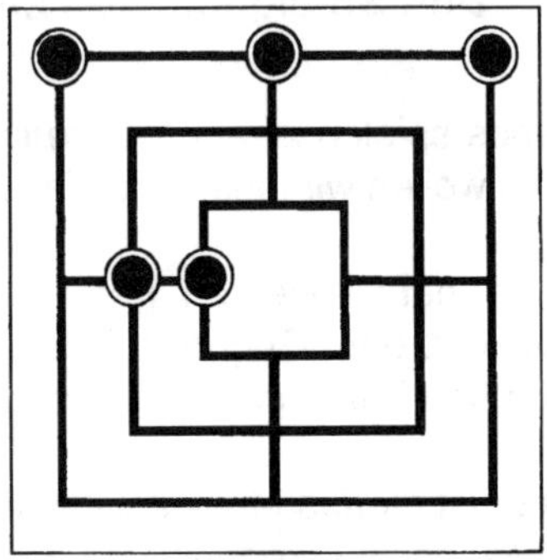

Eine Zwickmühle

(Lh: S. 16, Nr. 2)

Kennst du vielleicht schon einen Trick, wie man schnell und sicher zu einer Mühle kommt?
Versuche dazu, folgende Fragen zu beantworten:

- Auf welche Linienschnittpunkt müssen die Steine gesetzt werden?
- Worin liegt der Vorteil? Welche Gefahr besteht dabei?

....

1.2 Wie eine Spielanleitung gegliedert ist

Jede Spielanleitung enthält einen bestimmten Aufbau, eine *Gliederung.* Finde sie aus der folgenden Spielbeschreibung selbst heraus.

Trage dazu in die Leerstellen des Randes die folgenden Begriffe an der richtigen Stelle ein:

Spielverlauf – Spielbeginn – Anzahl der Spieler – Spielende – Spielmaterial

(Der Spielverlauf ist verkürzt wiedergegeben.)

Mühle

Spielbeschreibung

An dem Spiel nehmen zwei Personen teil.

Zum Spiel gehört ein Mühlebrett. Verwendet werden 9 weiße und 9 schwarze Steine.

Durch Auslosen, Würfeln oder Knobeln wird zunächst festgestellt, wer die weißen bzw. die schwarzen Steine erhält. Weiß fängt zu spielen an.

Die beiden Partner setzen abwechselnd ihre Steine auf die Schnittpunkte von zwei Linien. Ist das Setzen aller 9 weißen und 9 schwarzen Steine beendet, beginnt man abwechselnd auf den Linien zu ziehen und zwar vorwärts, rückwärts oder seitwärts, bis zum jeweils nächsten Schnittpunkt. ...

Wenn ein Spieler nur noch zwei Steine hat, ist das Spiel beendet, denn er kann jetzt keine Mühle mehr bauen und folglich dem Gegner keinen Stein mehr wegnehmen.

Gliederung

I. ____________________

II. ____________________

III. ____________________

IV. ____________________

V. ____________________

Überprüfe die von dir gefundene Gliederung mit Hilfe dieser Fragen:

I. Wie viele *Spieler* dürfen teilnehmen?
II. Welches *Spielmaterial* kommt zum Einsatz? z.B.

III. Wie *beginnt* das Spiel?
IV. Wie *verläuft* das Spiel?
V. Wie *endet* das Spiel?
....

(Lh: S. 16, Nr. 3)

1. Lernschritt:

Erkenne den Aufbau der Spielanleitung

- Der *Spielgedanke* ist im *Namen* des Spiels enthalten (z.B. Mühle).
- *Gliedere* die Spielanleitung in:
  Anzahl der Spieler – Spielmaterial – Spielbeginn – Spielverlauf – Spielende

2 Den Spielverlauf richtig beschreiben

Von den fünf Gliederungspunkten einer Spielanleitung soll insbesondere der 4. Punkt, der Spielverlauf, genau und folgerichtig beschrieben werden. Das muß deshalb so sein, damit auch jemand danach spielen kann, der das Spiel bisher noch nicht kennt.

Lies den hier beschriebenen Spielverlauf aufmerksam durch.

Spielverlauf: Das Mühlespiel

Die beiden Partner setzen abwechselnd ihre Steine auf die Schnittpunkte von zwei Linien. Nach dem Setzen aller neun weißen und neun schwarzen Steine beginnen die Spieler abwechselnd zu ziehen und zwar vorwärts, rückwärts oder seitwärts, bis zum jeweils nächsten Schnittpunkt.
Dabei sind die Punkte geschickterweise so zu besetzen, daß möglichst bald eine Mühle oder besser noch eine Zwickmühle entsteht. Manche Spieler setzen ihre Steine bewußt auf solche Punkte, wodurch die gegnerischen Steine in ihrer Bewegungsfreiheit eingeschränkt bzw. ganz eingesperrt werden.
Ein erfahrener Spieler wird auch versuchen, seinen Stein jeweils in der Mitte von Dreierreihen zu plazieren, um sehr schnell eine Mühle bauen zu können.

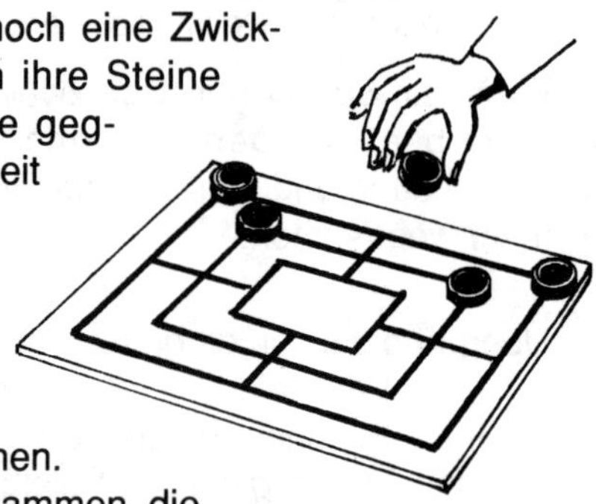

Eine Mühle setzt sich aus drei Steinen zusammen, die in einer Reihe auf einer waagrechten bzw. senkrechten Linie stehen. Wird eine Mühle geöffnet und dadurch gleichzeitig eine zweite geschlossen, so entsteht eine Zwickmühle. Sobald ein Spieler eine Mühle gebildet hat, darf dieser seinem Gegner einen beliebigen Stein wegnehmen, aber keinen aus einer schon bestehenden Mühle. Hat ein Spieler nur mehr drei Steine, darf er beliebig auf jeden freien Schnittpunkt springen, um eine Mühle zu bauen.

Beantworte nun folgende *Fragen zum Spielverlauf.*

1. Schreibe auf, wann man mit dem Ziehen der Steine beginnen darf.
   ....

2. Welche taktischen Hinweise zum Spiel werden gegeben, damit man möglichst schnell Sieger wird?

   ....

3. Nenne zwei wichtige Begriffe aus dem Text, die dort genau und treffend beschrieben worden sind.

   ....

4. Schreibe die besondere Spielregel auf, die gilt, wenn eine Mühle entstanden ist.

   ....

5. Was ist deiner Meinung nach der Spielgedanke des Mühlespiels?

   .... (Lh: S. 16, Nr. 4)

Fassen wir die *Ergebnisse der Arbeitsaufträge* zusammen:

Innerhalb der Spielanleitung kann der Spielverlauf in Unterpunkte aufgegliedert werden.

IV. Der Spielverlauf

1. Beschreiben einzelner *Spielzüge* in der richtigen Reihenfolge
2. *Taktische Hinweise* zum Überlisten des Gegners
3. Erklären wichtiger *Begriffe* zum Spielverständnis
4. Beschreiben *besonderer Spielregeln*
5. *Spielgedanken* zum Ausdruck bringen

Alle Aussagen sollen in der Darstellungsform der Beschreibung dargelegt werden, also *genau, eindeutig, tatsachengemäß* und *knapp*.

2. Lernschritt

Beschreibe den Spielverlauf ausführlich

- Gib die *Spielzüge* in der *richtigen* Reihenfolge an!
- Streue *taktische* Hinweise ein!
- Beschreibe *Begriffe* und *Spielregeln* in knapper und verständlicher Form!
- Lege Wert auf die *genaue* Darstellung des *Spielgedankens!*

3 Eine Spielanleitung nach Stichpunkten gestalten

Einige Schüler der Klasse 6a wollen abends in der Jugendherberge Pustetennis spielen.

Du sollst jetzt versuchen, selbständig eine *Spielanleitung* zu *Pustetennis* zu verfassen, aber so, daß alle Schüler deiner Klasse danach problemlos spielen können. Damit dir das nicht so schwer fällt, erhältst du einige Lösungshilfen.

Dieses Bild gibt dir erste Hinweise über die Art des Spiels.
Schreibe auf, was du alles erkennen kannst.

....

Was wird wohl der Spielgedanke dazu sein?

.... (Lh: S. 17, Nr. 5)

Willst du selbst eine Spielanleitung verfassen, so ist es sinnvoll, zuerst einige Stichpunkte zum Spiel zu notieren. In unserem Fall ist dir als Lösungshilfe die Spielanleitung in Stichpunkten bereits vorgegeben.
Lies sie aufmerksam durch.

Stichpunkte für Pustetennis

> Spiel für 4–6 Schüler – Geräte: Wattebausch bzw. Tischtennisball – Schüler sitzen oder knien um den Tisch – Hände sind auf dem Rücken oder unter dem Tisch – Ball in Tischmitte –

Mitspieler sind für ihre Tischkante verantwortlich – Versuch, den Ball durch Blasen zwischen zwei anderen Spielern durchzupusten – Aufzeichnen von Feldmarkierungen mit Kreide – Ball über Spielfeld oder Tischkante blasen – Strafpunktezahl vereinbaren – Gewinner: Wer bleibt als letzter übrig? – Preis für den Sieger festlegen

Fertige nun eine ausführliche Spielanleitung zu Pustetennis an. Orientiere dich dabei auch an den Hinweisen und Gliederungshilfen, die du auf den vorhergehenden Seiten kennengelernt hast. Du darfst dieses Spiel nach deiner eigenen Vorstellung beschreiben, mußt dich also nicht an die Vorgaben der Stichpunktsammlung halten.

Spielanleitung: Pustetennis

....

Viel Erfolg!

3. Lernschritt

Gestalte selbständig eine Spielanleitung

- Fertige eine *Stichpunktsammlung* an!
- Schreibe die *Spielanleitung* nach den erarbeiteten Gliederungspunkten!

Wanderung mit Hindernissen

Betrachte zunächst in Ruhe den Spielplan des Würfelspiels „Wanderung mit Hindernissen" auf der folgenden Seite.

Kannst du den Spielgedanken dazu kurz auf deinem Block notieren?
(Lh: S. 17, Nr. 6)

....

Lies dann die zugehörige Spielanleitung genau durch.

START
Wanderung mit Hindernissen
1
2
3
4
5
6
7
8
9
10
11
12
13
A
ZIEL

Wanderung mit Hindernissen

Dieses Würfelspiel ist für 2 bis 4 Personen gedacht. Die Spieldauer beträgt ungefähr 15 Minuten. Zum Spiel gehören ein Würfel, ein Spielplan und 2 bis 4 Spielsteine. Jeder Spieler hat nur einen Wurf. Wer die meisten Augen würfelt, beginnt das Spiel.
Wer den ersten Wurf bekommt, rückt seinen Spielstein um so viele Felder in der Richtung des Pfeiles vorwärts, als Augen auf seinem Würfel gefallen sind. Hierauf setzen die übrigen Mitspieler ihre Steine auf die gleiche Art und Weise ein. Ist ein Feld bereits mit einem gegnerischen Stein besetzt, muß man den Stein neben dieses Feld stellen. Trifft aber der Spielstein auf ein Feld mit einer Nummer, so gelten hierfür die auf der folgenden Seite erläuterten besonderen Spielregeln A.
Die Aufgabe des Spielers besteht darin, hohe Augenzahlen zu würfeln, um möglichst schnell auf dem Wanderweg voranzukommen. Sieger ist, wer als erster das Ziel erreicht.
Wer eine Eins würfelt, hat stets einen weiteren Wurf frei.

Du brauchst für dieses Spiel lediglich einen Würfel und zwei Spielsteine (Pfennige, Knöpfe, Plättchen o.ä.).

Der Spielplan kann auch vergrößert und auf Pappkarton geklebt werden. Auf diese Weise erhältst du eine größere Spielfläche.
Viel Spaß!

Betrachte nun in Ruhe den Spielplan auf der gegenüberliegenden Seite und lies dann die dazu auf der nächsten Seite aufgeführten Spielregeln A für die einzelnen Nummernfelder.

Wanderung mit Hindernissen

Spielregeln A

1 Du bist bereits ein Stück Weges gewandert und stellst nun plötzlich fest, daß du deinen Rucksack vergessen hast. Gehe zurück zum Start.

2 Du holst mit einem Eimer Wasser aus dem Brunnen und erfrischst dich an dem kühlen Naß. So gestärkt darfst du 3 Felder weiterrükken.

3 Auf einem Felsblock sitzend machst du eine kleine Brotzeitpause und danach ein kurzes Nickerchen. Setze zweimal aus.

4 Du mußt nochmals zum Brotzeitfelsen zurückkehren, weil du dort vergessen hast, deine Abfälle mitzunehmen.

5 Rücke weiter auf das Feld 6. Warte ab, bis dein Gegner wieder gewürfelt hat.

6 Du darfst nun auf dem ruhigen Abkürzungsweg durch den Wald weitergehen, bis du wieder auf den alten Weg triffst.

7 Ein knurrender Hund versperrt dir den Weg. Vor Schreck nimmst du Reißaus und mußt 5 Felder zurück.

8 An der Wegkreuzung zeigt dir ein Einheimischer einen Abkürzungsweg. Rücke zum Feld A weiter.

9 Nach der langen Wanderung bist du ein wenig müde geworden, legst dich auf einem schönen Plätzchen hin und schläfst ein. Setze zweimal aus.

10 Du triffst einen Freund, der dir den Weg genau erklärt. Dein nächster Wurf zählt deshalb doppelt.

11 An der Brücke schaust du verträumt beim Angeln zu. Du mußt zweimal aussetzen.

12 Am Wegesrand steht ein Apfelbaum. Du stärkst dich mit einem Apfel und darfst 5 Felder weiterrücken.

13 Du besichtigst eine Burg und kommst nur zum Ziel, wenn du entweder eine Eins oder eine Sechs würfelst. Der Sieger erhält jetzt den vereinbarten Preis.

Erfinde jetzt selbständig auf deinem Block die *Spielregeln B.*

Dazu bekommst du einige Lösungsvorschläge und Anregungen. Die Musterbeispiele gelten für die ersten drei Nummernfelder. Beachte dabei folgende Vorgehensweise:

- Beschreibe zunächst treffend und genau die einzelne Bildsituation bei der jeweiligen Nummer.
- Gib dann die Folgerung für den Fortgang des Spiels an. Überlege: Welche Felder sind bei der betreffenden Nummer gegebenenfalls neu zu besetzen? Wie soll weitergewürfelt werden?
- Erfinde dort, wo bei einer Nummer kein Bild zu sehen ist, eine Spielanweisung nach deiner eigenen Vorstellung.

Wanderung mit Hindernissen

Spielregeln B

1  Du mußt deinen Rucksack ablegen, weil deine Thermosflasche ausgelaufen ist. Setze einmal beim Würfeln aus.

2  Du erfrischst dich schnell am Brunnenwasser, bist gestärkt und darfst nun 5 Felder vorrücken.

3  Auf einem Granitfelsen legst du eine Rast ein und trinkst eine Limonade. Dazu brauchst du Zeit. Dein Gegner darf seine nächste gewürfelte Augenzahl verdoppeln.

Fahre in diesem Stil fort und erledige die nachfolgenden Nummernfelder (Nr. 4 – 13) in ähnlicher Weise.

....

4. Lernschritt:

Gestalte selbständig Spielregeln

- Beschreibe *treffend* jede Bildsituation, z.B. am Brunnen!
- Gib *genaue* Hinweise für das Würfeln und Weiterrücken, z.B. 2 Felder vorrücken!

5 Eine Spielanleitung verfassen

Betrachte nebenstehenden Spielplan zum Würfelspiel:

Eine spannende Autofahrt

Schreibe auf deinen Block eine komplette Spielanleitung nach folgenden Gliederungshilfen und Stichpunkten.

....

Gliederung

I. *Spielvorbereitung*

Anzahl der Spieler – Spielmaterial – Spieldauer

II. *Spielbeginn*

Wer eröffnet den ersten Zug und auf welche Weise?

III. *Spielverlauf*

- Spielablauf, Reihenfolge der Züge
- Spielgedanke, Name des Spiels
- Klärung wichtiger Begriffe
- Besondere Spielregeln (z.B. Nr. 1 bis 13)

IV. *Spielende*

Wer ist der Sieger? Wie erreicht man das Ziel? Welchen Preis gibt es zu erringen?

START
1
2
3
4
5
H
6
7
100
RADAR
8
9
POLIZEI
10
BAUSTELLE
11
12
13
ZIEL

Musterbeispiel für eine Spielanleitung

Thema	**Eine spannende Autofahrt**
Spieler *Material* *Spieldauer*	An dem Würfelspiel können 2 bis 4 Personen teilnehmen. Zum Spiel gehören ein Würfel, ein Spielbrett und für jeden Spieler ein Spielstein. Die Spieldauer beträgt meistens ca. eine Viertelstunde. Jeder Spieler hat in der Regel nur einen Wurf.
Spielbeginn	Wer zuerst die meisten Augen gewürfelt hat, beginnt das Spiel.
Spielverlauf *Spielgedanke*	Nach dem ersten Wurf darf der Spieler seinen Stein um soviele Felder in Richtung des Pfeiles vorrücken, als Augen auf seinem Würfel zu erkennen sind. Wenn ein Feld bereits durch einen gegnerischen Stein besetzt ist, muß der Stein neben dieses Feld gesetzt werden. Der Spielgedanke ist klar. Wer eine hohe Augenzahl würfelt, kommt natürlich schneller voran, vorausgesetzt, daß kein Hindernis im Weg steht.
besondere ***Spielregeln***	Für die Besetzung eines Nummernfeldes gelten folgende Spielregeln:
Beschreibung der Nummernfelder in der richtigen Reihenfolge *Wegverlauf*	**1** Guter Start! Du darfst noch einmal würfeln. **2** Auf der Landkarte suchst du einen Standort. Setze einmal aus! **3** Der Auspuff des Autos rußt stark. Fahre langsam. Zweimal aussetzen! **4** Du entspannst dich am Wegesrand durch Gymnastik. Würfle nochmal! **5** Dein Auto fährt in eine Sackgasse. Setze deinen Stein auf das Feld „H"! **6** Fahre weiter auf dem gepunkteten Weg. Es handelt sich um eine Abkürzung.

7 Du stärkst dich am Rastplatz. Der nächste Wurf zählt doppelt.

8 Du bist in eine Radarkontrolle geraten und hast die Geschwindigkeit übertreten. Gehe zur Strafe 6 Felder zurück!

9 Erneute Polizeikontrolle: Am Auto ist technisch alles in Ordnung. 7 Felder vorrücken!

10 Eine Baustelle behindert dich. Fahre weiter, wenn du die Zahlen 1, 3 oder 6 würfelst!

11 Durch zu schnelles Fahren ist dein Auto von der Fahrbahn abgekommen. Zweimal aussetzen!

12 Der leere Tank muß mit Benzin gefüllt werden. Gehe 7 Felder zurück!

13 Halt! Bahnübergang! Erst, wenn du eine 3 oder 6 würfelst, bist du am Ziel.

Bild-beschreibung Spielanweisung

Wer als erster das Ziel erreicht, hat das Spiel gewonnen. Für den Sieger gibt es einen Preis, der vorher festgelegt worden ist.

Spielende Preis

Gebrauchsanweisung – Vorgangsbeschreibung

Wie flicke ich einen Fahrradschlauch?

Bei einem Radausflug mit Freunden hat Peter eine Fahrradpanne. Der Vorderreifen ist platt. Glücklicherweise findet Peter in seiner Werkzeugtasche Flickzeug.
Betrachte den Aufkleber auf der abgebildeten Büchse.

Schreibe auf, welche Teile zum Flicken eines Fahrradschlauches in der Büchse sind. Beschreibe die Teile danach genau und möglichst deutlich.

....   (Lh: S. 17, Nr. 7)

Bevor Peter mit dem Flicken beginnt, überprüft er, ob alle Teile, die er benötigt, auch wirklich in der Büchse sind. Dann schaut er sich die beiliegende *Gebrauchsanweisung* sehr gründlich an (vgl. die Abbildung auf der nächsten Seite).
Die einzelnen Phasen der abgebildeten Gebrauchsanweisung enthalten Wort-Bild-Zuordnungen.
Beschreibe ausführlich und in der richtigen Reihenfolge, wie man ein Loch in einem Fahrradschlauch flickt.

Verwende dabei die Informationen aus der Abbildung unten und die folgenden Fachausdrücke:

> Lappen – Schmirgelpapier – Gummilösung – Trocknungsdauer – Gummiflicken – Schutzblatt – Druckstärke
>
> .... (Lh: S. 17, Nr. 8)

Gebrauchsanweisung

trocknen aufrauhen	dünn auftragen	trocknen lassen	Folie abziehen	fest andrücken

Wenn der Vorderreifen deines Rads einen Platten hat, kannst du selbstverständlich nicht sofort mit dem Flicken des Schlauches beginnen. Bei einer Fahrradpanne mußt du alle Tätigkeiten des gesamten Reparaturvorgangs beachten.
In der folgenden Auflistung sind sie durcheinandergeraten:

> Rad wieder einhängen – nach Gebrauchsanweisung flicken – Rad ausbauen – Schlauch aus dem Mantel herausnehmen – Schlauch zurück in Felge legen – schadhafte Stelle finden und kennzeichnen – Mantel richtig aufziehen – Überprüfen der Dichtigkeit der geflickten Stelle

Schreibe diese Tätigkeiten in der richtigen Reihenfolge auf.

.... (Lh: S. 17, Nr. 9)

Du hast jetzt selbständig herausgefunden, wie man bei einem platten Reifen die undichte Stelle des Schlauches der Reihe nach flickt. Somit hast du die grobe *Gliederung* des reinen Flickvorganges kennengelernt.

Jetzt erfährst du, wie man den Aufsatz ausführlich schreibt. Lies die folgenden *Merkmale der Vorgangsbeschreibung* gründlich durch:

Alle wesentlichen Einzelheiten zu jedem Gliederungspunkt müssen genau erklärt und in der richtigen Reihenfolge dargestellt werden. Verwende dabei Fachausdrücke und schreibe in der Zeitform der Gegenwart. Wechsle die Satzanfänge durch Satzumstellungen. Beginne Sätze auch mit verschiedenen Umstandswörtern.

Beispiele:

Zuerst ... Danach .. Schließlich ... Später ... Anschließend ... Endlich ... Zunächst ... Sofort ... Zuletzt ... Dann ... Bald ... Ferner ...

Schreibe jetzt eine ausführliche *Vorgangsbeschreibung* nach folgender *Stichpunktsammlung*:

Wie flicke ich einen Fahrradschlauch?

1. *Schlauch des Vorderrades freilegen*

   Rad auf Sattel und Lenkrad stellen – Radmuttern lösen – Ventil abschrauben – Mantel von Felge trennen – Schlauch herausziehen

2. *Schadhafte Stelle kennzeichnen*

   Ventil in Ventilführung einsetzen – mit Ventilmutter verschrauben – Schlauch aufpumpem und ins Wasser legen – Luftblasen? – Schlauch ans Ohr? – Lochstelle kennzeichnen

3. *Nach Gebrauchsanweisung flicken*

   Luft aus Schlauch lassen – Lochstelle mit Lappen trocknen – passenden Gummiflecken auswählen – mit Schmirgelpapier aufrauhen – Gummilösung auftragen – kurz trocknen lassen – Schutzfolie vom Gummiflecken abziehen – Flecken auf schadhafter Stelle fest andrükken

4. *Reparaturstelle auf Dichtigkeit prüfen*

   Schlauch wieder fest aufpumpen – in Wasser halten – Luftblasen?

5. *Schlauch in Felge legen*

   Luft wieder ganz ablassen – eine Mantelflanke über Felge ziehen – Schlauch in Mantel- und Felgenbett legen – Ventilführung ins Felgenloch stecken – Ventilführungsmutter anschrauben – Ventilführung muß gerade in der Felge sitzen – Ventil einstecken – Ventilmutter anschrauben – Schlauch leicht aufpumpen

6. *Mantel richtig aufziehen*

   Mantel ganz aufziehen – Schlauch voll aufpumpen – Staubschutzkappe auf Ventil schrauben – Mantelsitz nochmal kontrollieren

7. *Rad wieder einhängen*

   Rad in Gabel einhängen – Radabstand zur Gabel überprüfen – Radmuttern fest-schrauben – Reifen fest aufpumpen

   ....

Überprüfe deinen Entwurf mit folgendem Musteraufsatz.

Wie flicke ich einen Fahrradschlauch?

Thema

Stelle das Rad zunächst auf den Sattel und das Lenkrad. Anschließend mußt du die Radmuttern lösen und das Vorderrad aus der Gabel herausheben. Daraufhin schraubst du das Ventil fachgerecht heraus.

vorbereitende Arbeiten

Den Mantel hebst du mit einem flachen Schraubenschlüssel an einer Seite über die Felge und ziehst ihn schließlich ganz ab. Jetzt liegt der Schlauch frei und kann leicht herausgenommen werden.

Schlauch freilegen

Um die schadhafte Stelle zu finden, mußt du nun den Schlauch erneut aufpumpen. Zu diesem Zweck ist vorher das Ventil in die Ventilführung einzusetzen und mit einer Mutter zu verschrauben. Den mit Luft prall gefüllten Schlauch hält man ins Wasser. Dort, wo Luftblasen

schadhafte Stelle finden
Fachausdrücke genaues Beschreiben

herauskommen, befindet sich das Loch im Schlauch. Kennzeichne diese Stelle, am besten durch Umfahren mit einem Filzstift.

Gebrauchsanweisung fürs Flicken

Fachbegriffe

Danach läßt du die Luft wieder aus dem Schlauch und trocknest die Lochstelle mit einem Lappen ab. Nun wählst du einen Gummiflicken aus, der die schadhafte Stelle voll abdeckt. Diese rauhst du erst mit Schmirgelpapier auf und trägst dann die Gummilösung dünn auf. Die Trocknungszeit beträgt ungefähr 5 Minuten. Anschließend wird die Schutzfolie vom Gummiflicken abgezogen und der Flicken fest auf die schadhafte Stelle gedrückt.

Kontrolle der Reparatur

Nun ist der Schlauch geflickt, der danach wieder fest aufgepumpt wird. Halte ihn zur Kontrolle noch einmal kurz ins Wasser. Bilden sich keine Luftblasen mehr, ist die geflickte Stelle dicht.

Reihenfolge

Fachausdrücke

Schlauch in Felge

Mantel auf Felge

Jetzt erfolgt das Wiedereinlegen des Schlauches, dessen Luft vorher abgelassen werden muß. Versuche zunächst, vorsichtig eine Mantelflanke über die Felge zu ziehen. Danach muß der Schlauch teils ins Mantelbett, teils ins Felgenbett gelegt werden, aber so geschickt, daß gleichzeitig die Ventilführung des Schlauches ins Felgenloch gesteckt werden kann. Baue jetzt noch das Ventil komplett ein, pumpe den Schlauch leicht auf und ziehe den Mantel ganz auf die Felge. Kontrolliere danach den Sitz des Mantels. Vergiß nicht, die Staubschutzkappe aufs Ventil zu schrauben!

Radeinbau

Zuletzt wird das Rad wieder in die Gabel eingehängt und der Radstand überprüft. Nach dem Festschrauben der Radmuttern wird der Reifen fest aufgepumpt.

7. Kapitel

Der Bericht

Ein Unfall in der Schule
Ein Unfall im stillgelegten Steinbruch

Lernziele:

Die Merkmale eines Berichts erarbeiten
Lernen, den Bericht von der Erzählung zu unterscheiden
Wichtige Informationen durch die W-Fragen erarbeiten und anwenden
Den Bericht in Einleitung, Hauptteil und Schluß gliedern
Erkennen, was nicht in den Bericht gehört

Der Bericht

Ein Unfall in der Schule

1 Merkmale eines Berichts kennenlernen

Stelle dir einmal folgende Situation vor:
Lehrer Maier verläßt kurz sein Klassenzimmer. Er beauftragt den Klassensprecher, während seiner Abwesenheit aufzupassen. Als er wieder zurückkommt, blutet die Schülerin Anke über der linken Augenbraue. Sie wird ins Krankenhaus gebracht, wo die Wunde mit zwei Stichen genäht wird.
Da der Klassenlehrer eine Unfallmeldung verfassen muß, bittet er die Schüler um einen Bericht. Sie sollen aufschreiben, wie sich der Unfall ereignet hat.

Inge und Hans, zwei Schüler dieser Klasse, haben die folgenden Arbeiten geschrieben. Lies sie aufmerksam durch und achte auf Unterschiede in der Darstellung.

Entwurf von Inge:

Als unser Lehrer das Klassenzimmer verließ, stand Georg auf und nahm Ankes Mäppchen weg. Renate, unsere Klassensprecherin, mahnte: „Georg, bleib auf deinem Platz!" Aber Georg antwortete nur: „Sei still, du alberne Gans!"
Nachdem er sich endlich wieder hingesetzt hatte, begann er damit, die einzelnen Gegenstände aus Ankes Mäppchen durch das Klassenzimmer zu werfen. Jetzt konnte wirklich niemand mehr arbeiten. „Ich werde es Herrn Maier melden, du wirst schon sehen, was dann geschieht!" schrie jetzt Renate.
Da warf Georg einen großen Ra-

Entwurf von Hans:

Nachdem Herr Maier das Klassenzimmer verlassen hatte, stand Georg auf, ging zu Ankes Tisch und nahm ihr das Mäppchen weg. Renate, unsere Klassensprecherin, ermahnte Georg und forderte ihn auf, wieder an seinen Platz zu gehen.
Als Georg sich, wenn auch widerwillig, hingesetzt hatte, warf er mit den einzelnen Gegenständen aus Ankes Mäppchen auf verschiedene Schüler. Den Füller schleuderte er nach Karin, mit dem Spitzer traf er Franz. Niemand in der Klasse arbeitete mehr.
Georg ergriff nun den rechteckigen Riesenradiergummi und warf ihn

diergummi nach ihr. Dieser traf aber nicht Renate, sondern die Lampe. Es knallte, und die Neonröhre zersplitterte. Plötzlich schrie Anke auf. Sie wurde kreidebleich. Wir hatten schreckliche Angst, als wir sahen, wie das Blut an ihrer Wange herunterlief. Da kam auch schon Herr Maier, unser Klassenlehrer, zur Tür herein. Er kümmerte sich sofort um Anke. Wie waren wir froh, als wir erfuhren, daß Anke nicht schwerer verletzt war.

mit voller Wucht in Richtung Renate. Der Radiergummi sprang auf dem Tisch auf und prallte von dort aus auf eine der Neonröhren der Deckenbeleuchtung. Die Röhre zerbrach mit lautem Knall und zersplitterte in viele Scherben. Eine davon traf Anke an der Stirn oberhalb der linken Augenbraue. Ein Splitter blieb stecken, und die Wunde begann zu bluten. Da ging die Tür auf, und Herr Maier kam herein.

Wie unterscheiden sich beide Entwürfe?

....

Du hast gesehen, daß dasselbe Ereignis bei Inge und Hans verschieden dargestellt worden ist. Wer, Inge oder Hans, verwendet die folgenden Darstellungselemente in seinem Text? Schreibe den jeweiligen Namen hinter die Fragen.

Wer

- verwendet die wörtliche Rede? ____________
- beschränkt sich auf das Wesentliche? ____________
- schreibt ausführlich und ausschmückend? ____________
- verwendet keine wörtliche Rede? ____________
- gibt persönliche Eindrücke und Gefühle wieder? ____________
- bringt genauere Informationen zum Hergang des Unfalls? _________
- berichtet sachlich, übersichtlich und klar? ____________
- drückt keine persönlichen Gefühle und Eindrücke aus? ____________
- bringt weniger Informationen zum Hergang des Unfalls? ____________
- beschränkt sich nicht nur auf das Wesentliche? ____________

Erstelle eine Tabelle mit zwei Spalten und trage darin alle Elemente, die Inge in ihrem Entwurf verwendet hat, in die linke Spalte ein. Schreibe die entsprechenden Aussagen, die zum Entwurf von Hans passen, in die rechte Tabellenspalte, wie in dem hier vorgestellten Beispiel:

Inge	Hans
– verwendet die wörtliche Rede	– beschränkt sich auf das Wesentliche
– ...	– ...

(Lh: S. 18, Nr. 1)

Sicherlich hast du nun herausgefunden, daß die Elemente, die du bei Inge eingetragen hast, zur *Erzählung* gehören. Die Aussagen, die du bei Hans gefunden hast, sind die wesentlichen Merkmale des *Berichts.*

1. Lernschritt

Merkmale eines Berichts kennenlernen

- Beschränke dich auf das *Wesentliche*!
- Schreibe *sachlich, übersichtlich* und *klar*!
- Gib *keine* persönlichen Eindrücke und Gefühle wieder.

2 Wichtige Informationen festhalten

Versetze dich in die Lage des Lehrers Maier, der einen Unfallbericht verfassen muß, obwohl er den Vorfall selbst nicht miterlebt hat.

Er geht so vor, daß er sich die Tatsachen von seinen Schülern mitteilen läßt. Damit sie sich genau an den Vorfall erinnern, erfragt der Lehrer den genauen Vorgang mit Hilfe der *5 W-Fragen.*

Stelle selbst die nachfolgenden 5 W-Fragen an den von Hans geschriebenen Text (siehe S. 104/105) und versuche, nacheinander die Fragen zu beantworten.

1. *Wann* geschah der Vorfall?

   ....

2. *Wo* ereignete er sich?

   ....

3. *Wer* war daran beteiligt?

   ....

4. *Was* war passiert?

   ....

5. *Wie* kam es zu dem Unfall?

   ....

(Lh: S. 18, Nr. 2)

Die Frage Nr. 1, wann der Vorfall geschah, konntest du nicht beantworten, denn sie wurde in dem Entwurf von Hans nicht erwähnt.
Der Lehrer weiß, daß der Unfall während seiner Abwesenheit zwischen 9.30 und 9.35 Uhr geschehen ist, und zwar am Freitag, dem 13. Februar 1992.

In Berichten schreibt man Datumsangaben immer mit der Jahreszahl, auch die Uhrzeit wird genau angegeben.
Du hast gesehen: Mit Hilfe der 5 W-Fragen kann man wichtige Informationen über einen Vorfall herausfinden. Sie sollen knapp aufgezeigt und in der richtigen Reihenfolge wiedergegeben werden.

Lehrer Maier hat die Informationen, die er erfragt hat, an der Tafel wie folgt zusammengefaßt.

Tafelanschrift:

Uhrzeit und Datum:

Freitag, 13. Februar 1992, zwischen 9.30 und 9.35 Uhr

Genaue Ortsbezeichnung:

Christophorus Schule Stuttgart, Klassenzimmer der Klasse 6a

Angaben zu den Personen:

Herr Maier, Klassenlehrer; Georg König, Karin Müller, Franz Hauser, Schüler der Klasse 6a; Renate Vollmer, Klassensprecherin; Anke Hempel, Schülerin

Sachliche Information:

Anke wurde durch einen herabfallenden Splitter der zerbrochenen Neonröhre an der Stirn oberhalb der linken Augenbraue verletzt.

Genaue Darstellung des Unfalls:

Der Lehrer verließ die Klasse. Georg stand auf und nahm Anke das Mäppchen weg. Renate forderte ihn auf, sich wieder zu setzen. Georg begann aber mit einzelnen Gegenständen aus dem Mäppchen zu werfen. Schließlich ergriff er den rechteckigen Riesenradiergummi und warf ihn mit voller Wucht nach Renate, verfehlte sie aber. Der Radiergummi sprang auf dem Tisch auf und prallte von dort aus auf eine der Neonröhren der Deckenbeleuchtung. Die Röhre zerbrach mit lautem Knall und zersplitterte in viele Scherben, wobei Anke verletzt wurde.

Du hast gesehen, wie die 5 W-Fragen geholfen haben, genauere Informationen zu erhalten, um den Vorfall sachlich richtig und genau darstellen zu können.

Schreibe nun den Erstentwurf des Hauptteils eines Berichts mit den angegebenen Informationen. Dazu mußt du noch wissen, daß man ihn in der Zeitform der 1. Vergangenheit (Präteritum) abfaßt, da man ja über etwas berichtet, was bereits geschehen ist. (Beispiele: hören – er hörte, liegen – er lag)

....

2. Lernschritt

Wichtige Informationen festhalten

- Erfrage die wichtigen Informationen mit Hilfe der *5 W-Fragen*!
- Schreibe den Sachverhalt in der *richtigen Reihenfolge* und so genau wie möglich!
- Achte auf die *1. Vergangenheit* (Präteritum)!

3 Den Bericht gliedern

Auch der Bericht gliedert sich in Einleitung, Hauptteil und Schluß. Die Einleitung im Bericht erfüllt eine andere Aufgabe als die Einleitung der Erzählung.

Versuche einmal herauszufinden, welche der beiden folgenden Einleitungen zu einem Bericht gehört:

Entwurf A:

Es war an einem wunderschönen Wintertag. Wir konnten es kaum erwarten, bis die Schule aus war. Unser Lehrer, Herr Maier, hatte uns Rechenaufgaben gegeben und war danach kurz aus dem Klassenzimmer gegangen.

Entwurf B:

Am Freitag, dem 13. Februar 1992, ereignete sich im Klassenzimmer der 6a der Christophorusschule in Stuttgart ein folgenschwerer Unfall.

....

(Lh: S. 15, Nr. 3)

Wir wollen nun die beiden Einleitungen untersuchen, um herauszufinden, was für die Einleitung eines Berichts wesentlich ist.

Beantworte dazu die folgenden Fragen, indem du hinter die Fragen Entwurf A oder Entwurf B schreibst.

- Welche der beiden Einleitungen verrät nichts über das nachfolgende Ereignis? ____________
- Welche Einleitung ist persönlich abgefaßt? ____________
- Welcher Entwurf gibt bereits konkrete Hinweise auf das Wesentliche des nachfolgenden Vorfalls? ____________
- Welche Einleitung ist sachlich abgefaßt? ____________

.... (Lh: S. 18, Nr. 4)

Du hast sicherlich erkannt, daß der Entwurf B die richtige Einleitung zu einem Bericht ist. Diese Einleitung teilt bereits wesentliche Informationen des nachfolgenden Ereignisses mit. Sie kann bereits Antworten geben auf die Fragen: *Wann? Wer? Wo?*

Eine weitere Möglichkeit, den Bericht einzuleiten, besteht darin, den Standort des Beobachters (Schreibers) zu klären.

Beispiel:

Am Freitag, den 13. Februar 1992, beobachtete ich von meinem Sitzplatz in der Klasse 6a aus den folgenden Unfall.

Der *Hauptteil* des Berichts wird durch die 5 W-Fragen festgelegt. Du hast dies bereits im 2. Lernschritt „Informationen sammeln" kennengelernt. Wichtig ist es nun, daß die Einzelereignisse wahrheitsgemäß und in der richtigen Reihenfolge berichtet werden. Der zeitliche Ablauf muß stimmen.

Der Bericht hat eigentlich keinen besonderen *Schluß.* Man kann ihn beenden, wenn alle wichtigen Informationen mitgeteilt sind.
Üblicherweise rundet man mit einer letzten Information, einem Schlußsatz gewissermaßen, den Bericht ab.

Was damit gemeint ist, zeigen dir die beiden folgenden Beispiele:

- *Mit dem Krankenwagen wurde Anke ins Kreiskrankenhaus gebracht.*
- *Wir erfuhren, daß Anke nicht schwerer verletzt wurde.*

Eine weitere Möglichkeit der Darstellung eines Schlußsatzes besteht darin, die Frage nach den *Folgen des Vorfalls* zu beantworten.
Auch dies soll dir an zwei Beispielen gezeigt werden:

1. *Kurze Zeit später wurden im ganzen Schulhaus, auf Veranlassung des Sicherheitsbeauftragten, die Lampen ausgetauscht.*
2. *Die Schülerin Anke konnte drei Tage lang den Unterricht nicht besuchen.*

3. Lernschritt

Den Bericht gliedern

- Die *Einleitung* gibt bereits einige wesentliche Informationen des Vorfalls wieder (z.B. Standort).
- Der *Hauptteil* wird durch die 5 W-Fragen gegliedert. Wichtig ist die Darstellung der richtigen zeitlichen Reihenfolge der Ereignisse.
- Der *Schlußsatz* gibt eine letzte wichtige Information oder weist auf die Folgen des Vorfalls hin.

4 Was nicht in einen Bericht gehört

Lies den folgenden Aufsatz durch, der als *Bericht* geschrieben werden sollte. Versuche die Mängel, die der Text enthält, herauszufinden.

Unterstreiche dazu alle Stellen im Text, die deiner Meinung nach nichts in einem Bericht zu suchen haben.

Unfall im stillgelegten Steinbruch

Am Freitag, 7. Februar 1992, waren wir, Inge und ich, so gegen 14 Uhr auf dem Heimweg von der Schule, als wir im stillgelegten Steinbruch von Sandhausen einen Unfall beobachteten.
„Paß auf Inge", sagte ich, „der größere der beiden Jungen wird gleich versuchen, den Abhang hinaufzuklettern." Und tatsächlich, er führte seine Absicht durch. Nachdem er etwa fünf Meter hinaufgestiegen war, ruhte er sich auf einem Stein aus, der ungefähr 50 Zentimeter aus der Wand herausragte. „Ob das wohl gutgeht?" fragte Inge. Auch der andere Junge, der noch unten stand, schrie einige Sätze hinauf, die wir nicht verstehen konnten. Vermutlich wollte auch er, daß der größere Junge wieder herabstieg. Und da, o Schreck, löste sich der Stein, auf dem der Junge stand. Der Junge versuchte sich noch mit den Händen festzuhalten, aber es gelang ihm nicht. Er stürzte herab und blieb regungslos liegen. Inge und ich waren kreidebleich vor Entsetzen. Als wir dann zu den beiden Jungen gelaufen waren, hatte der kleinere von beiden bereits einen vorbeifahrenden PKW angehalten. Der Autofahrer fuhr zur nächstgelegenen Telefonzelle und informierte den Rettungsdienst. Danach kehrte er zur Unfallstelle im Steinbruch zurück. Jetzt sahen wir, daß es Hans und Georg waren, zwei Jungen aus unserem Ort. Hans, der geklettert und danach abgestürzt war, wurde mit dem Krankenwagen ins Kreiskrankenhaus Sandhausen gebracht.
Wie waren wir froh, als wir erfuhren, daß Hans lediglich das Schienbein gebrochen hatte. Wir hatten schon befürchtet, daß er nie wieder würde gehen können.

....

(Lh: S. 18, Nr. 5)

Du hast sicherlich die Mängel herausgefunden und gesehen, daß Gefühle, Ausschmückungen, Meinungen und Vermutungen im Bericht nichts zu suchen haben, ebenso die Verwendung von wörtlichen Reden.

Ein Zeitungsreporter, der zu dem Unfall im Steinbruch gerufen wurde, hat sich vor Ort auf seinem Block eine Reihe von Stichpunkten notiert (vgl. die Abbildung auf der nächsten Seite).
Verfasse nun selbst einen Bericht zum Thema:

Ein Unfall im stillgelegten Steinbruch

Benütze dazu die Stichworte des Zeitungsreporters. Vergleiche anschließend deinen Bericht mit dem Musterbeispiel auf den folgenden Seiten.

....

Freitag, 7. Februar 1992, nachmittags 14 Uhr - zwei Jungen Hans und Georg - stillgelegter Steinbruch der Firma Kaltenbach am Ortseingang Sandhausen - 12jähriger Junge Hans klettert im Steinbruch - er rutscht ab, da sich vorstehender Stein löst - Hans versucht, sich festzuhalten - stürzt etwa fünf Meter ab - bleibt regungslos liegen - Georg, der andere Junge, hält vorbeifahrenden PKW an - Fahrer alarmiert Krankenwagen und Polizei - verletzter Junge wird ins Krankenhaus gebracht - das Schienbein ist gebrochen.

4. Lernschritt

Was nicht in einen Bericht gehört:

- Gefühle und Ausschmückungen.
- Meinungen und Vermutungen.
- Vermeide die wörtliche Rede!

Musteraufsatz für einen Bericht

Trage in die Leerzeilen am Rand die folgenden Begriffe an der richtigen Stelle ein:

Einleitung, Hauptteil, Schlußsatz, wann?, wo?, wer?, was?, wie?, Folgen.

Thema

Unfall im stillgelegten Steinbruch

Am Freitag, dem 7. Februar 1992, beobachtete ich auf meinem Heimweg von der Schule gegen 14 Uhr einen Unfall im stillgelegten Steinbruch am Ortseingang von Sandhausen.

Zwei Jungen, Hans, 10 Jahre alt und Georg, 12 Jahre alt, beide aus dem Stadtteil Unterhausen, spielten in dem nicht durch Verbotstafeln gekennzeichneten ehemaligen Steinbruch der Firma Kaltenbach. Hans war bereits etwa fünf Meter den Abhang hochklettert, als er sich ausruhte. Er stand dabei auf einem etwa 50 Zentimeter weit aus einem Fels herausragenden Stein. Georg schaute von unten zu ihm hinauf.

Plötzlich löste sich der Stein, auf dem Hans stand. Der Junge versuchte noch, mit den Händen einen Halt zu finden, aber es gelang ihm nicht. Er stürzte aus etwa fünf Metern Höhe ab und blieb regungslos unten liegen. Bis ich zu ihm gelaufen war, hatte Georg bereits einen PKW angehalten, der gerade auf der Bundesstraße 28 vorbeifuhr. Der Fahrer, ein älterer Herr, schaute sofort nach Hans. Als er sah, daß dieser verletzt war, schärfte er uns ein, ihn genau so liegenzulassen und ihn ja nicht zu bewegen. Der Autofahrer fuhr zur nächstgelegenen Telefonzelle und informierte die Rettungsstelle. Daraufhin kehrte er zum Steinbruch zurück.

Schon nach kurzer Zeit trafen Krankenwagen und Polizei ein. Hans wurde ins Kreiskrankenhaus nach Sandhausen eingeliefert.

Dort stellte der Arzt fest, daß Hans das Schienbein gebrochen hatte. Dem früheren Betreiber des Steinbruches wurde vom Landratsamt Sandhausen die Auflage erteilt, vor dem Steinbruchgelände das Hinweisschild „Betreten verboten" anzubringen, um Besucher zu warnen.

8. Kapitel
Die Inhaltsangabe

Gleiches Gewicht
Seltsamer Spazierritt

Lernziele:

Das Vorgehen bei der Erstellung einer Inhaltsangabe kennenlernen
Einen vorgegebenen Text verstehen lernen
Wesentliche Informationen aus einem Text entnehmen
Die sprachlichen Gestaltungsmerkmale einer Inhaltsangabe erarbeiten
Inhaltsangaben auf Inhalt, Sprache und Sinn hin untersuchen
Von vorgegebenen Texten Inhaltsangaben verfassen

Die Inhaltsangabe

Gleiches Gewicht

1 Begriffe klären und Sachzusammenhänge erkennen

Lies diese Geschichte aufmerksam durch.

Gleiches Gewicht

Es war ein alter Bauer in einem Dorf, und es war ein Bäcker in einer nahen Kleinstadt. Der Bäcker bezog vom Bauern Butter und der Bauer vom Bäcker Brot, wie es sich gehört.

Nun schien es aber dem Bäcker, als ob die Butterstücke des Bauern, von denen jedes vier Pfund wiegen sollte, immer leichter würden. Seine Waage gab ihm recht, und endlich wurde es dem wackeren Meister zuviel, und er verklagte seinen Butterlieferanten beim Richter.

„Ihre Butterstücke sollen nicht die erforderliche Schwere haben!" sagte der Richter zum Bauern, und er wies ihm als Gegenstand des Streites eines der Butterstücke vor. „Dies soll vier Pfund wiegen, nicht wahr? Es wiegt aber, wie ich festgestellt habe, viel weniger."

„Das ist ausgeschlossen, Herr Richter!" sagte das Bäuerlein. „Ich hab's doch auch jedes Mal nachgewogen."

„Vielleicht", meinte der Richter, „vielleicht stimmen Ihre Gewichte nicht?" – „Gewichte?" Das Bäuerlein war erstaunt. „Ich habe keine Gewichte, und ich brauche auch keine."

„Ja, aber womit wollen Sie denn wiegen, wenn Sie keine Gewichte haben?" „Das ist ganz einfach, Herr Richter, ganz einfach und gerecht ist das. Schauen Sie, ich krieg' mein Brot vom Bäcker, so wie er von mir seine Butter; und so ein Laib Brot, der wiegt vier Pfund, nicht wahr? Gut, und dann lege ich halt auf die eine Seite von dieser Waage meine Butter und auf die andere einen Laib Brot und danach balancier ich's halt aus!" Sprach's und zog ein „Vierpfundbrot" des Bäckers hervor. Der Richter wog nach – die Butter war aufs Haar genauso schwer wie das Brot.

Der Richter lachte, der Bauer lächelte, der Bäcker wütete. Der Bauer wurde freigesprochen und der Bäcker verdonnert.

Kennzeichne zuerst die Textstellen, die dir noch unklar sind. Versuche sie gedanklich aus dem Textzusammenhang zu erklären.

Hier findest du einige *Begriffe* aus dem Text:

balancieren – bezog – Gewichte – Laib – Schwere – verdonnert – 4 Pfund

Trage zunächst diese Begriffe in die nachfolgende Tabelle ein. Ordne sodann die folgenden *Ersatzwörter* den Begriffen in der Tabelle sinngemäß zu:

Brot in rundlicher Form – erhielt – 2000 Gramm (zwei Kilo) – Gewicht – verurteilt – ausgleichen – Gewichtsstücke

Begriffe	**„Ersatzwörter"**

(Lh: S. 19, Nr. 1)

Jetzt werden die inhaltlichen Zusammenhänge der Geschichte erarbeitet. Damit du ihren Inhalt verstehst, mußt du wissen, daß eine Balkenwaage nach dem *Prinzip des Gleichgewichts* funktioniert. Sie ist dann im Gleichgewicht, wenn auf der linken Waagschale das gleiche Gewicht liegt wie auf der rechten Waagschale.

Der Bäcker wiegt:

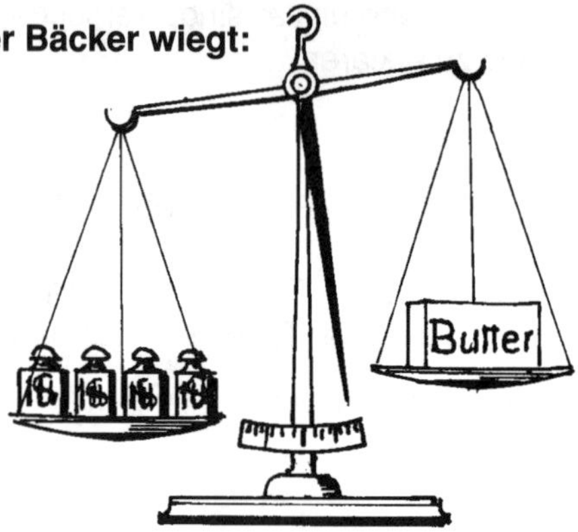

Betrachte das nebenstehende Bild und schreibe auf, wie der Bäcker die Butter wohl gewogen hat.

Diese Begriffe können dir bei deiner Antwort helfen:

Butter – eine Waagschale – Gewichte – andere Waagschale – schwerer – nach unten – nach oben – leichter

Ergebnis: Butter ... keine ...

....

(Lh: S. 19, Nr. 2)

Betrachte das nebenstehende Bild und schreibe auf, wie der Bauer die Butter gewogen hat.

Diese Begriffe können dir bei deiner Antwort helfen:

Brot – eine Waagschale – soviel Butter – andere Waagschale – bis Gleichgewicht

Ergebnis: Butter ... wie Brot

Der Bauer wiegt:

....

(Lh: S. 19, Nr. 3)

Welche Schlüsse ziehst du aus einem Vergleich der beiden Wiegevorgänge? Schreibe das Ergebnis deiner Überlegungen auf.

....

(Lh: S. 19, Nr. 4)

Bisher hast du wichtige Begriffe und Zusammenhänge der vorgebenen Geschichte geklärt. Diese Aufgabe muß bei jedem Text erfüllt werden, wenn sein Inhalt angegeben werden soll. Erst wenn du den vorgegebenen Text so gut wie möglich verstanden hast, kannst du seinen wesentlichen Inhalt sinnvoll wiedergeben.

1. Lernschritt

Lerne den Text kennen

- Lies den gegebenen Text *genau* durch!
- Kläre *unverstandene* und *unklare* Begriffe!
- Erkenne *sachliche* Zusammenhänge!

2 Dem vorgegebenen Text die wesentlichen Informationen entnehmen

Besteht Klarheit über die Begriffe und Zusammenhänge des Textes, werden ihm die wesentlichsten Informationen in kleinen Schritten entnommen. Dabei kann es dir eine große Hilfe sein, wenn du

- unwichtige Aussagen im Text durchstreichst,
- wichtige Aussagen dagegen hervorhebst, z.B. durch Unterstreichen.

Streiche in der *Einleitung* der Geschichte (Zeilen 1 bis 3) den Satz durch, der *keine* wesentlichen Informationen enthält.
Unterstreiche im *Schluß* der Geschichte (Zeilen 26 und 27) den Satz mit den *wichtigeren* Informationen.

Schreibe auf, weshalb du sowohl in der Einleitung, als auch im Schluß jeweils den ersten Satz als unwesentlich betrachtet hast.

.... (Lh: S. 19, Nr. 5)

Rahme die Wörter ein, die dir jeweils im zweiten Satz von Einleitung und Schluß besonders wichtig erscheinen.

Notiere, warum du diese Wörter eingerahmt hast.

.... (Lh: S. 20, Nr. 6)

Jetzt geht es um den Hauptteil. Stelle bei seiner Bearbeitung zu jedem Abschnitt immer wieder die Frage: ***Was ist wichtig?*** So wirst du schnell und sicher zu einem guten Ergebnis kommen.

Am sichersten und leichtesten kommst du zu einer *Stichpunktsammlung* für deine Inhaltsangabe, wenn du Textstellen auf ihre Wichtigkeit hin überprüfst und die wichtigsten Textstellen unterstreichst.

Trage nun diese aus den Unterstreichungen eines Schülers erarbeiteten Stichpunkte so in die folgende Übersicht ein, daß zum 1. Abschnitt eine *geordnete* Stichpunktsammlung unter der Überschrift „Klage vor Gericht" entsteht.

Bäcker verklagt Bauern – Jedes Butterstück soll 4 Pfund wiegen. – Zeilen 4 bis 7 – Die Butterstücke werden immer leichter. – Der Verdacht bestätigt sich durch Nachwiegen.

Abschnitt	Zeilen	Stichpunkte
1		Klage vor Gericht

Bearbeite nun die drei anderen Abschnitte des Hauptteils auf die gleiche Art und Weise: Unterstreiche wichtige Textstellen. Formuliere dann Stichpunkte dazu. Schreibe diese in der richtigen Reihenfolge auf und finde eine passende Überschrift zu jedem Abschnitt.

.... (Lh: S. 20, Nr. 7)

Du hast hier mehrere Möglichkeiten kennengelernt, wie du die wichtigen von den unwichtigen Informationen trennen kannst, nämlich durch Durchstreichen, Unterstreichen und Anlegen einer übersichtlichen Stichpunktsammlung. Nutze diese Möglichkeiten, um einem Text wichtige Informationen zu entnehmen.

2. Lernschritt

Entnimm dem Text die wesentlichen Informationen

- Unterscheide die *wichtigen* von den *unwichtigen* Aussagen!
- Hebe die *wichtigen* Textaussagen hervor!
- Betrachte diese Hervorhebung als *Stichpunktsammlung* für deine Inhaltsangabe!

3 Was die Inhaltsangabe nicht enthalten darf

Lies diesen Abschnitt einer mißlungenen Inhaltsangabe durch.

Seit Jahren beziehe ich, ein tüchtiger Bäckermeister, meine Butter von diesem Bauern, einem alten Schlaumeier. Als Gegenleistung für die Butter liefere ich ihm vom Gewicht her soviel Brot, Kuchen und Torten, wie er mir Butter liefert.
Über die Zeit hinweg gewinne ich den Eindruck, daß dieser Bauer weniger Butter liefert, als ich ihm Brot. Jedes Mal, wenn ich die Butterlieferung nachgewogen habe, fehlen viele Gramm. Deshalb stelle ich den Bauern zur Rede: „He, Bauer, du lieferst mir viel zu wenig Butter für mein Brot und meine Backwaren! Du bist ein alter Gauner!" Das aber bestreitet er immer wieder. Deshalb reiche ich Klage gegen diesen unverschämten Betrüger ein und erwarte einen hohen Schadensersatz.

Schreibe drei Punkte auf, mit denen du in dieser Inhaltsangabe nicht einverstanden bist

.... (Lh: S. 21, Nr. 8)

Sicherlich ist dir aufgefallen, daß der Verfasser der fehlerhaften Inhaltsangabe einige Dinge hinzugefügt hat, die im Originaltexte gar nicht vorkommen. Streiche alle *Erfindungen* in dieser Inhaltsangabe durch, z.B. „einem alten Schlaumeier".

(Lh: S. 21, Nr. 9)

Bestimmt hast du auch gemerkt, daß der Verfasser die Inhaltsangabe in der „Ich-Form" geschrieben hat. Dies ist aber nicht zulässig!

Schreibe deshalb die fehlerhafte Inhaltsangabe von Zeile 1 bis Zeile 7 neu. Verwende dabei statt „ich" nun „er" oder „der Bäckermeister".
Beachte, daß sich auch manche besitzanzeigende Fürwörter, wie „mein, dein, sein, ihr, unser, euer, ..." ändern.

Setze den Text nach diesem bereits überarbeiteten ersten Satz fort.

Seit Jahren bezieht ein Bäckermeister seine Butter von einem Bauern.

.... (Lh: S. 21, Nr. 10)

Wahrscheinlich ist dir auch aufgefallen, daß der Verfasser seine Inhaltsangabe unter Verwendung der *wörtlichen Rede* geschrieben hat. In Inhaltsangaben darf die wörtliche Rede jedoch nicht verwendet werden!

Um sie zu vermeiden, hast du *drei Möglichkeiten*:

– Die wörtliche Rede wird ganz einfach weggelassen, wenn sie nur unwichtige Informationen enthält. Ist das bei der mißlungenen Inhaltsangabe möglich?

  .... (Lh: S. 21, Nr. 11)

– Enthält die wörtliche Rede unwichtige und wichtige Informationen, darfst du nur die unwichtigen Teile weglassen. Die wichtigen Sätze müssen umgearbeitet werden. Ist das bei der mißlungenen Inhaltsangabe möglich?

  .... (Lh: S. 21, Nr. 12)

– Du mußt die wörtliche Rede in jedem Fall umarbeiten, wenn sie ausschließlich wichtige Informationen enthält. Eine Möglichkeit der Umarbeitung besteht darin, die wörtliche Rede in die „nicht-wörtliche Rede" zu übertragen.

  Wie das gemacht werden kann, siehst du am folgenden Beispiel:

  Der Bäcker behauptet: „Bauer, du lieferst mir viel zu wenig Butter für mein Brot." (wörtliche Rede)
  Der Bäcker behauptet, daß ihm der Bauer viel zu wenig Butter für sein Brot liefere. (nicht-wörtliche Rede)

Übertrage nun selbst die wichtigsten Informationen der folgenden Sätze aus dem Originaltext auf Seite 116 in die „nicht-wörtliche Rede".

1. „Ihre Butterstücke sollen nicht die erforderliche Schwere haben!" sagte der Richter. (Zeile 8)
2. „Das ist ausgeschlossen, Herr Richter!" sagte das Bäuerlein. „Ich hab's doch auch jedes Mal nachgewogen." (Zeilen 12 und 13)
3. „Ich habe keine Gewichte ...", sprach das Bäuerlein. (Zeilen 15 und 16)
4. „Das ist ganz einfach ...", sprach der Bauer. (Zeilen 18 mit 23)

....

(Lh: S. 22, Nr. 13)

Wenn du beim Schreiben künftiger Inhaltsangaben die verschiedenen Textabschnitte so bearbeitest, wie du das gerade gelernt hast, gelingt es dir in Zukunft bestimmt, zusätzliche Erfindungen, die „Ich-Form" und die wörtliche Rede zu vermeiden.

3. Lernschritt

Was nicht in die Inhaltsangabe gehört

- Kürze den Text und erfinde *nichts Neues* dazu!
- Vermeide die *„Ich-Form"*!
- Verzichte auf die *wörtliche Rede*!

4 Selber treffende Begriffe finden

Du solltest die Inhaltsangabe in eigenen Worten schreiben. Deshalb mußt du das Abschreiben aus dem vorgegebenen Text unterlassen.

Ersetze die fettgedruckten Wörter und Satzteile aus dem folgenden Text durch selbstgefundene Wörter mit ähnlicher Bedeutung. Im Lösungsheft findest du Hinweise, die dir dabei helfen können.

Nun **schien es** aber dem Bäcker ...	glaubte, meinte
Seine Waage **gab ihm recht** ...	______________
Er **verklagte** seinen Lieferanten.	______________
So ein **Laib Brot** ...	______________
Ich **balancier** es danach aus.	______________
Er **wies** ihm ein Stück **vor.**	______________
Das **ist ausgeschlossen.**	______________
Ich **krieg** mein Brot vom Bäcker.	______________
Aufs Haar genau so schwer sein.	______________

....

(Lh: S. 22, Nr. 14)

In eigenen Worten zu schreiben, heißt allerdings nicht, die Inhaltsangabe zu verfälschen. Aus der „Butter" darfst du z.B. keine „Margarine" machen.

Bist du gezwungen, dieses oder jenes Wort in deiner Inhaltsangabe öfter zu verwenden, so solltest du ein echtes Ersatzwort dafür suchen. Manchmal reicht auch die Verwendung eines persönlichen Fürworts (z.B. er, sie, es) schon aus, um Wortwiederholungen zu vermeiden.
Finde zu jedem dieser Wörter ein anderes mit ähnlicher Bedeutung. Sie können durchaus im Originaltext vorkommen. Schlage deshalb dort noch einmal nach. (Seite 116)

Gewicht	Schwere, es
Richter	______________
Bauer	______________
Bäcker	______________
Brot	______________
freigesprochen	______________
verurteilt	______________

(Lh: S. 22, Nr. 15)

Eine Inhaltsangabe wird überwiegend in der Zeitform der *Gegenwart* geschrieben. Deshalb ist es notwendig, daß du die Zeitwörter aus dem Original grundsätzlich in die Gegenwart überträgst.

Übe nun die Verwendung der richtigen Zeitform. Schreibe die folgenden Zeitwörter aus der Wörterliste in der Zeitform der Gegenwart auf.

Beispiele: er band –> er bindet; sie fuhr –> sie fährt;

wir gaben – er grub – sie pfiffen – er hieß – wir lachten – er lag – ich lief – es meinte – sie stritt – er traf – es trug sich zu – wir verklagten – ich verlor – er zwang mich – sie wütete – du warfst – er log

.... (Lh: S. 22, Nr. 16)

Weil die Inhaltsangabe eine *Kurzdarstellung* ist, muß der Inhalt des Originals in kurzen, treffenden Aussagen zusammengefaßt werden. Man sagt: Die Aussagen werden *gerafft.*

Stelle fest, zu welchen Zeilen die folgenden gerafften Aussagen gehören. Schreibe die Zeilennummern auf.

Ein Bäcker verklagt einen Bauern, weil dieser ihm weniger Butter liefert als vereinbart worden ist. Zeilen: 1 bis ____________

Der Richter bestätigt die Angaben des Bäckers. Zeilen: ________

Dagegen wehrt sich der Bauer, indem er das Gewicht des vom Bäckermeister gelieferten Brotes mit dem Gewicht der gelieferten Butter vergleicht. Zeilen: ____________

Das Ergebnis: Butter und Brot sind gleich schwer. Der Bauer hat sich also an die gemeinsame Vereinbarung gehalten. Zeilen: _______

Somit ist nicht der Bauer der Betrüger, sondern der Bäckermeister, der deshalb auch bestraft wird. Zeilen: ____________

(Lh: S. 22 , Nr. 17)

Raffe nun die Aussagen des Originaltextes in den jeweils angegebenen Zeilen. Fasse dich dabei so kurz wie möglich, aber so lang wie nötig.

Zeilen 1 – 3; Zeilen 4 – 7; Zeilen 8 – 11; Zeilen 17 – 23; Zeilen 26 – 27

.... (Lh: S. 23 , Nr.18)

Im Hinblick auf das Schreiben einer Inhaltsangabe hast du geübt, den vorgegebenen Text in treffenden eigenen Worten verkürzt darzustellen. Dazu hast du Wörter und Satzteile durch eigene Worte ersetzt, die Zeitform der Gegenwart verwendet und Aussagen des Originaltextes gerafft.

4. Lernschritt

Finde treffende eigene Aussagen

- Schreibe nicht aus dem Text ab, sondern wähle *eigene* Worte!
- Verwende die Zeitform der *Gegenwart*!
- *Raffe* die Aussagen des vorgegebenen Textes und *vermeide* Wiederholungen bei der Wortwahl!

5 Die Inhaltsangabe sachlich verfassen

Jetzt geht es darum, die Inhaltsangabe zum vorgegebenen Text „Gleiches Gewicht" zu verfassen. Dazu mußt du dich in die Rolle eines unbeteiligten Beobachters versetzen und die einzelnen Teile der Textvorlage in *sachlicher* Sprache verkürzt darstellen. Dabei wird der *gesamte* Inhalt der Textvorlage zum *Hauptteil* deiner Inhaltsangabe.

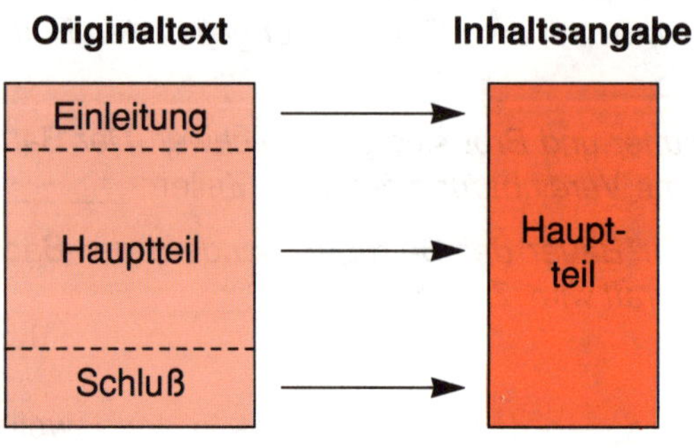

Beginne also deine Inhaltsangabe mit der *verkürzten Einleitung* der Textvorlage wie folgt:

***Ein Bauer** beliefert einen Bäcker mit Butter, und dieser liefert vereinbarungsgemäß dem Bauern die gleiche Menge an Brot.*

Der *mittlere Teil* (Hauptteil) der Textvorlage kann z.B. so dargestellt werden:

***Im Laufe der Zeit** gewinnt der Bäcker den Eindruck, daß ihm der Bauer immer weniger als die vereinbarten vier Pfund Butter pro Laib Brot liefert. **Als** er nachwiegt, bestätigt sich dieser Verdacht. Daraufhin verklagt der wütende Bäckermeister seinen Lieferanten vor Gericht. **Der freundliche Richter** wiegt die Butter ebenfalls nach und kommt zum gleichen Ergebnis wie der Bäcker. **Als** er dies dem lächelnden Bauern vorhält, weiß dieser eine genaue Antwort. **Er** legt ein „Vierpfundbrot" des Bäckers auf die eine glänzende Schale einer Balkenwaage und das von ihm gelieferte hellgelbe Butterstück auf die andere Schale der Waage – und siehe da, die Butter hat das gleiche Gewicht wie das knusprig gebackene Brot.*

Der *Schluß* der Textvorlage, der auch noch zum Hauptteil deiner Inhaltsangabe gehört, kann z.B. so geschrieben werden:

***Somit** ist nicht das „Bäuerlein" der Betrüger, sondern der Bäckermeister, dessen nahrhafte Brote immer leichter geworden sind. **Und dieser** wird für seinen Betrug bestraft.*

Überarbeite nun obigen Textvorschlag einer Inhaltsangabe unseres Textes.

1. Streiche die 7 Eigenschaftswörter durch, die nicht in den Text hineingehören.
2. Überprüfe, ob die Satzanfänge (fett gedruckt) abwechslungsreich gestaltet sind.
3. Der Satz „Er legt ...", ab Zeile 10 ist eindeutig zu lang.
   Formuliere ihn neu.

   .... (Lh: S. 23, Nr. 19)

Lies die Inhaltsangabe in der von dir gerade bearbeiteten und berichtigten Fassung noch einmal durch.

Beantworte dann diese Kontrollfragen zur Inhaltsangabe durch Ankreuzen.

1. Wurde das Original in der Inhaltsangabe sinngemäß richtig wiedergegeben?
   ja ❍ nein ❍ zum Teil ❍
2. Enthält die Inhaltsangabe inhaltlich alle wichtigen Aussagen?
   ja ❍ nein ❍ zum Teil ❍
3. Wurde in der Inhaltsangabe etwas hinzugefügt?
   ja ❍ nein ❍ ein wenig ❍
4. Kommen in der Inhaltsangabe Wortwiederholung vor?
   ja ❍ nein ❍ viele ❍ wenige ❍
5. Sind alle Begriffe der Inhaltsangabe verständlich?
   ja ❍ nein ❍ manche nicht ❍ viele nicht ❍
6. Wurde die Inhaltsangabe in sachlicher Sprache verfaßt?
   ja ❍ nein ❍ nicht immer ❍ immer ❍
7. Wurde das Original verständlich gerafft?
   ja ❍ nein ❍ immer ❍ nicht immer ❍

(Lh: S. 23, Nr. 20)

Damit die Inhaltsangabe nicht zu umvermittelt beginnt und zu abrupt endet, soll sie noch „eingerahmt" werden, d.h. du mußt noch eine **Hinführung** und eine **Abrundung** verfassen.

In der *Hinführung* wird der Leser oder Hörer auf die Inhaltsangabe vorbereitet. Dazu genügt manchmal ein einziger Satz.
Die Hinführung kann folgende Gedanken enthalten:

- Angaben zum Verfasser, z.B. heißt der Verfasser des Originals Friedrich Saar.
- Beschreiben, wann oder auch wo sich die Handlung des vorgegebenen Textes ereignet hat.
- Darstellen, woher der Text stammt, z.B. aus dem Lesebuch.
- Aussagen, um welche Textart es sich handelt, z.B. um eine kurze, witzige, unterhaltende und belehrende Geschichte.
- Den Inhalt des gegebenen Textes andeuten, z.B. Bäcker verklagt Bauern.

Eine Hinführung zur Inhaltsangabe „Gleiches Gewicht" kannst du wie folgt verfassen:

Der vorliegende Text „Gleiches Gewicht" ist mir aus dem Lesebuch bekannt. In der kurzen und witzigen Geschichte geht es um einen Streitfall zwischen einem Bäcker und einem Bauern.

In der *Abrundung* wird die Inhaltsangabe für den Leser oder Hörer abgeschlossen. Auch dafür genügt manchmal ein einziger Satz. Hier kannst du

- deine Meinung zum Text schreiben.
- sagen, was dir der Text gegeben hat.
- den Inhalt des gegebenen Textes wiederholend zusammenfassen.

Eine Abrundung zur Inhaltsangabe „Gleiches Gewicht" kannst du wie folgt verfassen:

Die Geschichte zeigt die Schlauheit des Bauern, der den betrügerischen Bäcker hereinlegt.

Betrachte diese zusammenfassende Abbildung. Sie zeigt, wie aus dem Originaltext eine Inhaltsangabe entsteht. Erkläre mit eigenen Worten.

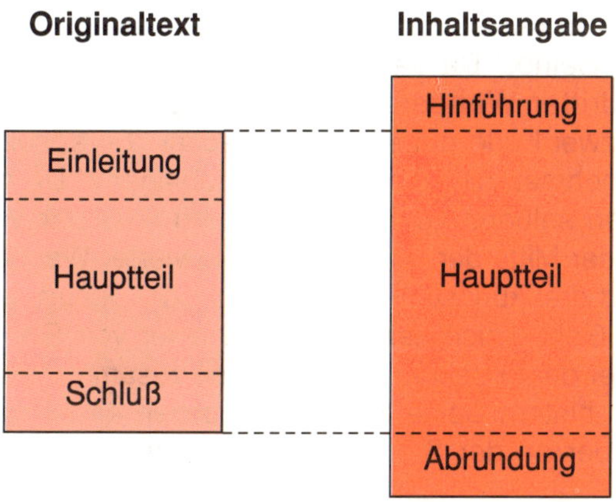

(Lh: S. 23, Nr. 21)

5. Lernschritt

Verfasse die Inhaltsangabe

- Verwende Eigenschaftswörter nur dort, wo sie *von der Sache her* unbedingt notwendig sind!
- Verbinde die einzelnen Gedanken innerhalb eines Satzes oder zwischen Sätzen *abwechlungsreich*!
- Entwirf eine *Hinführung* zur Inhaltsangabe und verfasse eine *Abrundung*!

6 Einen Musteraufsatz zur Inhaltsangabe anfertigen

Diesen Text kennst du schon aus dem Kapitel „Nacherzählungen". Lies ihn trotzdem noch einmal durch, denn jetzt soll er dir als Grundlage für eine Inhaltsangabe dienen.

Seltsamer Spazierritt

Ein Mann reitet auf seinem Esel nach Haus und läßt seinen Buben zu Fuß nebenher laufen. Kommt ein Wanderer und sagt: „Das ist nicht recht, Vater, daß Ihr reitet und laßt Euren Sohn laufen; Ihr habt stärkere Glieder." Da stieg der Vater vom Esel herab und ließ den Sohn reiten. Kommt wieder ein Wandersmann und sagt: „Das ist nicht recht, Bursche, daß Du reitest und lässest Deinen Vater zu Fuß gehen. Du hast jüngere Beine." Da saßen beide auf und ritten eine Strecke. Kommt ein dritter Wandersmann und sagt: „Was ist das für ein Unverstand: zwei Kerle auf einem schwachen Tiere; sollte man nicht einen Stock nehmen und Euch beide herabjagen?" Da stiegen beide ab und gingen selbdritt zu Fuß, rechts und links der Vater und der Sohn und in der Mitte der Esel. Kommt ein vierter Wandersmann und sagt: „Ihr seid drei kuriose Gesellen. Ist's nicht genug, wenn zwei zu Fuß gehen? Geht's nicht leichter, wenn einer von Euch reitet?" Da band der Vater dem Esel die vordern Beine zusammen, und der Sohn band ihm die hintern Beine zusammen, zogen einen starken Baumpfahl durch, der an der Straße stand, und trugen den Esel auf der Achsel heim.

Soweit kann's kommen, wenn man es allen Leuten will recht machen.

(Johann Peter Hebel; 1760 – 1826)

Bevor du an die Bearbeitung der *Inhaltsangabe* gehst, sollst du dir noch einmal darüber klar werden, was dabei zu beachten ist.
Überprüfe dich selbst, indem du die unter diesem Lückentext in Klammern angegebenen Begriffe richtig einträgst.

Der vorgegebene Text soll genau ____________ werden. Dabei müssen

die inhaltlichen ____________ exakt geklärt werden.

Die ____________ Aussagen sollen von den unwichtigen ____________

Aussagen unterschieden werden.

Beim Schreiben der Inhaltsangabe darf nichts Neues ____________

werden.

Bei der ____________ Wiedergabe des Inhalts in ____________

____________ muß auf die ____________ ____________ verzichtet

werden.

Auf ausschmückende ________________ ist ebenfalls zu verzichten, aber

auf einen abwechslungsreichen ____________ zu achten.

Die ____________ kann über den Dichter informieren und damit zum Inhalt

überleiten, während in der ____________ die eigene Meinung dargestellt

werden kann.

(Aussagen – durchgearbeitet – eigenen Worten – Eigenschaftswörter – erfunden – Hinführung – gerafften – Satzbau – Abrundung – wichtigen – wörtliche Rede – Zusammenhänge) (Lh: S. 24, Nr. 22)

Lies den Text „Seltsamer Spazierritt" noch einmal durch.
Sicherlich weißt du jetzt genau über den Inhalt des Textes Bescheid.
Markiere in der Vorlage die Textstellen, die wichtige Informationen enthalten. Trage die von dir hervorgehobenen Textaussagen als *Stichpunktsammlung* in die folgenden Leerstellen ein.

Einleitung der Textvorgabe: Der Originaltext hat keine Einleitung

Hauptteil der Textvorgabe:

1. Situation: ____

____

2. Situation: ____

____

3. Situation: ____

____

4. Situation: ______________________________

____

5. Situation: ______________________________

____

Schluß der ______________________________

Textvorgabe: ______________________________

(Lh: S. 24, Nr. 23)

Musterbeispiel für eine Inhaltsangabe

Lies diese Inhaltsangabe bitte genau durch.

Thema	**Seltsamer Spazierritt**
Hinführung *zum Dichter*	In seiner Geschichte „Seltsamer Spazieritt" erzählt uns Johann Hebel, er lebte von 1760 bis 1826, von zwei Männern und einem Esel.
Hauptteil *keine wörtliche Rede*	Während der Vater auf dem Esel nach Hause reitet, begleitet ihn der Sohn zu Fuß. Dies paßt einem ersten Vorübergehenden nicht. Nach seiner Meinung sollte der Vater laufen, da er stärker gebaut ist als der Sohn.
keine Ich-Form Zeitform: Gegenwart	Die Tatsache, daß nun der Sohn reitet, stört einen zweiten Passanten. Er glaubt, daß es besser sei, wenn der Ältere aufsitzt. Nun besteigen beide Männer den Esel und bewegen sich gemeinsam auf dem Tier fort.
	Deshalb werden sie von einem dritten Weggenossen verurteilt. Nun laufen alle drei, die beiden Männer und der Esel.
Aussagen gerafft und mit eigenen Worten dargestellt	Schließlich werden die drei von einem vierten Mann angehalten. Er wundert sich darüber, daß alle zwei Personen laufen, wo es doch ausreicht, wenn einer geht und einer reitet. Also binden Vater und Sohn die Beine des

Esels zusammen und tragen ihn, aufgehängt an einem starken Ast, heim.

Gedanken gut verbunden

Zu solch einem falschen Verhalten kommt es nach der Meinung des Dichters, wenn man es allen Menschen recht machen will.

Abrundung *eigene Meinung*

Ich meine: J. P. Hebel hat in der Geschichte zu Recht Übertreibungen verwendet. Denn man muß dabei bedenken, daß man sich eine übertriebene Geschichte leichter merkt als eine normale, noch dazu, wenn man über sie schmunzeln, lachen oder auch nur den Kopf schütteln kann.

Seltsamer Spazierritt – Inhaltsangabe oder Nacherzählung?

Obwohl Inhaltsangabe und Nacherzählung einander sehr ähnlich sind, gibt es einige bedeutsame Unterschiede.

Lies die beiden folgenden Aufsatzabschnitte zu unserer Textvorlage „Seltsamer Spazierritt" durch und unterstreiche alle Zeitwörter. Dabei fällt dir der wichtigste Unterschied bestimmt sofort auf.

....

(Lh: S. 24, Nr. 24)

Inhaltsangabe

In seiner Geschichte „Seltsamer Spazierritt" erzählt uns Johann Hebel, er lebte von 1760 bis 1826, von zwei Männern und einem Esel.

Während der Vater auf dem Esel nach Hause reitet, begleitet ihn der Sohn zu Fuß. Dies paßt einem ersten Vorübergehenden nicht. Nach seiner Meinung sollte der Vater lau-

Nacherzählung

Ein Vater war mit seinem Sohn auf dem Weg nach Hause. Der Vater ritt auf seinem Esel, und der Sohn ging zu Fuß nebenher. Nach einiger Zeit begegneten sie einem Wanfen, da er stärker gebaut ist als der Sohn.

derer, der den Vater beschimpfte: „Warum reitet Ihr, Ihr habt doch stärkere Glieder als Euer Sohn; das ist doch nicht recht!" Daraufhin stieg der Vater vom Esel ab, und der Sohn durfte reiten.

Die Tatsache, daß nun der Sohn reitet, stört einen zweiten Passanten. Er glaubt, daß es besser sei, wenn der Ältere aufsitzt. Nun besteigen beide Männer den Esel und bewegen sich gemeinsam auf dem Tier fort.

Kurz danach trafen sie einen anderen Wanderer, der sich wunderte, daß der Sohn ritt und der Vater zu Fuß nebenher ging. „Du hast doch jüngere Beine", sagte er zu dem Jungen.
Da saß auch der Vater wieder auf, und beide setzten auf dem Rücken des Esels ihren Weg fort.

Deshalb werden sie von einem dritten Weggenossen verurteilt. Nun laufen all drei, die ...

Nachdem sie eine Weile geritten waren, kam ein dritter Wanderer, der sich ärgerte, daß sie zu zweit ...

Schreibe auf, welche weiteren Unterschiede du noch gefunden hast.

....

(Lh: S. 24, Nr. 25)

Kapitel 9
Übungsaufgaben

Aufnahmeprüfungen
Prüfungsaufgaben für den Übertritt

Quellenverzeichnis:

1. *Max et Moritz*, G. Busch, Braun und Schneider Verlag, München
2. Hagelstange Rudolf: Hase und Schildkröte, aus *Fabeln des Äsop*, Otto Maier Verlag, Ravensburg 1956
3. Dr. H. Hoffmann, Der wilde Jäger, aus *Struwelpeter*, Insel Verlag Leipzig
4. Hans Jürgen Press, *Mein kleiner Freund Jakob*, Lustige Bildergeschichten, Otto Maier Verlag Ravensburg

Dauer jeder Probearbeit: 60 Minuten

Prüfungsaufgaben A — 5. Jahrgangssstufe

Wähle für deinen Aufsatz eines dieser Themen aus!

1. Verfasse aus der folgenden **Reizwortreihe** eine Erzählung und finde eine passende Überschrift dazu!

   Katze – Haus – Maus – Schlupfloch

2. Schreibe eine **Erlebniserzählung** zu folgendem Thema:

   Ein aufregender Tag im Schullandheim

3. Diese vier Zeichnungen stammen aus der Verserzählung „Max und Moritz" von Wilhelm Busch.
   Erzähle diese **Bildgeschichte** in deinen eigenen Worten. Suche einen lustigen Schluß und erfinde selbst eine geeignete Überschrift!

1. Verfasse ein **Einladungsschreiben** zu deiner Geburtstagsfeier, die folgende Angaben enthalten soll:
   Anlaß, Ort, Zeitpunkt, Dauer, Verlauf.

   Gestalte den Brief an deine Freunde so, daß möglichst viele deiner Einladung Folge leisten.

2. Verfasse entweder eine **Nacherzählung** oder eine **Inhaltsangabe** der Fabel von Äsop. Lies sie zuvor zweimal durch.

Der Hase und die Schildkröte

Ein Hase rühmte sich überall seiner Schnelligkeit und verspottete eine Schildkröte ob ihrer Langsamkeit. Eines Tages sagte die Schildkröte zum Hasen: „Du magst getrost über mich lachen. Aber wenn es hart auf hart ginge und wir uns in einem Wettrennen messen würden, würde ich dich besiegen!" – „Ganz bestimmt!" meinte der Hase ironisch. „Wir werden es erleben", sagte die Schildkröte. „Bist du bereit?"
Sie starteten, und der Hase lief natürlich viel schneller als die Schildkröte, die nur langsam von der Stelle kam. Er hatte einen so großen Vorsprung, daß er die ganze Sache nicht ernst nahm und sich ins Gras legte. „Ich will ein kleines Schläfchen halten", sagte er zu sich, „und wenn ich aufwache, werde ich das Wettrennen immer noch mit großem Vorsprung gewinnen."
Das Unglück wollte, daß er sich verschlief, und als er am Ziel anlangte, war eben die Schildkröte durchs Ziel gegangen, die sich pausenlos vorwärts gearbeitet hatte, und so den Wettlauf gewonnen hatte.

Nicht jeder Schnelle kriegt den Preis,
oft kriegt ihn Stetigkeit und Fleiß.

Nacherzählt von Rudolf Hagelstange

3. **Ausbau eines Erzählkerns**

   Zwei Freunde – Abenteuerspielplatz – Baumhaus – Sprung – Sturz – Auflauf – Verletzung – Krankenhaus

   Erzähle diese an Stichpunkte gebundene Erzählung!
   Die Reihenfolge der angeführten Stichpunkte ist einzuhalten.

Wähle von den folgenden Aufgaben ein Thema aus!

1. Schreibe einen **sachlichen Brief** an die Schulleitung und versuche, den Rektor davon zu überzeugen, daß der Schulhof verändert und schöner gestaltet werden soll.
   Folgende Vorschläge, welche die Klasse 5a bereits gesammelt hat, dürfen in deinem Brief verwendet werden:
   Sandkasten – Platz mit Trimmgeräten – Bäume und Ziersträucher – Bänke und Tische im Schatten von Bäumen – Bodenbemalung für Hüpfspiele – Schachspiel mit Großfiguren – Bolzplatz mit Toren

2. Erzähle die **Bildergeschichte** vom wilden Jäger.
   Erfinde eine passende Überschrift dazu!

1. Der folgende Anfang einer Geschichte wird zweimal vorgelesen. Erzähle schriftlich nach, was du dir davon gemerkt hast. Denke dir das Ende der Geschichte selbst aus und schreibe sie nieder. Finde eine passende Überschrift!

Fortsetzungsgeschichte

Werner brachte zum Schuljahresschluß ein gutes Zeugnis mit nach Hause. Zur Belohnung bekam er von seinen Eltern ein neues Fahrrad geschenkt. Sogleich nutzte Werner die Gelegenheit, um zu seinem Freund Peter ins Nachbardorf zu fahren. Mutter mahnte noch: „Sei ja vorsichtig!" Und Vater setzte hinzu: „Fahre nie freihändig, benutze nicht den Gehsteig als Fahrbahn und rase nicht durch die Straßen!"
Werner versprach, auf die Worte seiner Eltern zu hören. ...

2. Beschreibe den abgebildeten Fischotter möglichst genau und fertige einen **Steckbrief** von ihm an. Folgende Informationen aus einem Lexikon darfst du dabei verwenden:

Wassertier – Raubtierfamilie der Marder – Länge von 120 cm – bis zu 25 Pfund schwer – Bach– und Flußräume als Lebensraum – geschickter Schwimmkünstler – Fischjagd im sauberen Gewässer – Pelz: dunkelbraun, glänzend – wasserundurchlässiges Fell – Leib: geschmeidig, schlank – kurze Beine – Kopf: länglichrund – Schnurrbarthaare – winzige, verschließbare Ohren – lebhafte, scharfe Augen ...

1. **Ausgestaltung eines Erzählkerns**

Baue diese Zeitungsmeldung, den Erzählkern, zu einer lebendigen Erzählung aus!

Ein Elefant geht ins Kino ...
Avellino (dpa) – Einen ungewöhnlichen Gast hatte das Freilichtkino der süditalienischen Stadt Avellino. Ein Elefant war aus einem nahegelegenen Zirkus ausgebrochen und hatte sich, angelockt durch die Kinovorführung, in die Freilichtanlage verirrt. Das neugierige Tier, das unter den Zuschauern eine Panik auslöste, konnte erst nach heftigem Widerstand von seinen Wärtern in den Zirkus zurückgebracht werden.

Schreibe als ein Kinobesucher in der Ich-Form!

2. **Erzähle eine Geschichte** zu den beiden Bildern!

Gestalte auch die Einleitung, den Übergang zu den beiden Bildern und den Schluß. Erfinde eine passende Überschrift!

①

②

Prüfungsaufgaben F — 6. Jahrgangsstufe

1. Bearbeite eines der beiden Aufsatzthemen zur **Erlebniserzählung.**
   - *Wie ich einmal in falschen Verdacht geriet*
   - *Als ich einmal etwas verheimlichen wollte*

2. Verfasse eine **Vorgangsbeschreibung** zum Thema:

   Wie ich mein Fahrrad pflege

3. Erzähle die Adamson-**Bildergeschichte**. Finde eine passende Überschrift.

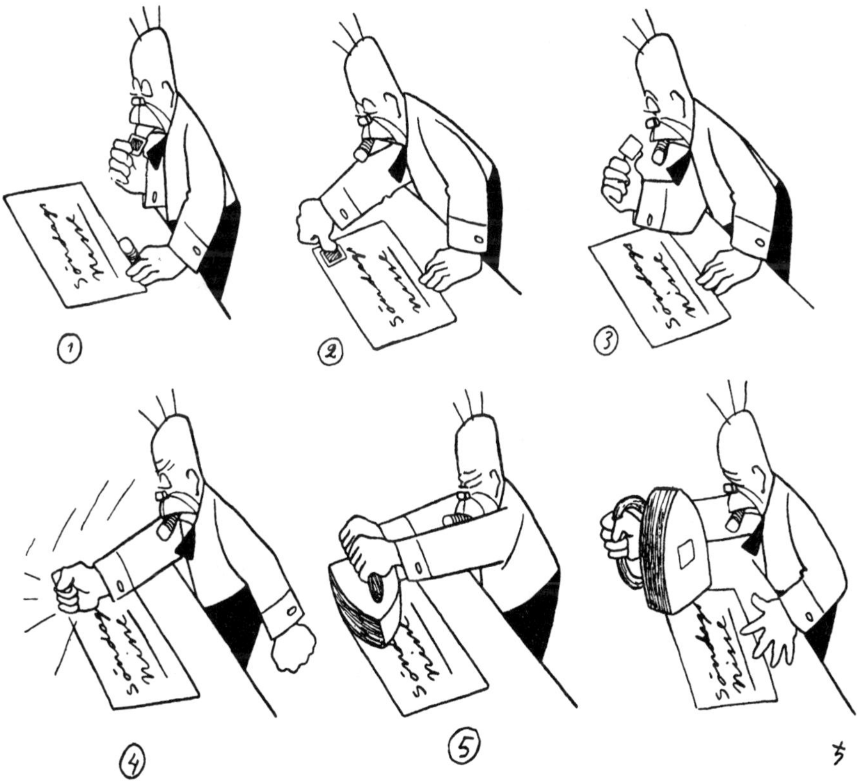

1. Für eure Fahrt ins Schullandheim (Klassenfahrt) habt ihr größere Zuschüsse von der Gemeinde und vom Elternbeirat erhalten.
   a) Schreibe entweder im Namen der Klasse einen **sachlichen Brief** an den Gemeinderat. Bedanke dich darin für die Spende und stelle dar, wofür ihr diese Geldspende verwenden wollt.
   b) Oder verfasse einen **persönlichen Brief** an ein dir bekanntes Mitglied des Elternbeirates. Bedanke dich für den Zuschuß und lege dar, wofür ihr ihn verwendet habt. Erzähle im Brief auch ein Erlebnis, das euch besondere Freude bereitet hat.

2. Darstellen eines Verkehrsunfalles:

   Schreibe entweder einen **persönlichen Brief** an den Onkel, in welchem du über dein Mißgeschick berichtest oder einen **sachlichen Bericht** an die Haftpflichtversicherung über den Unfallhergang.

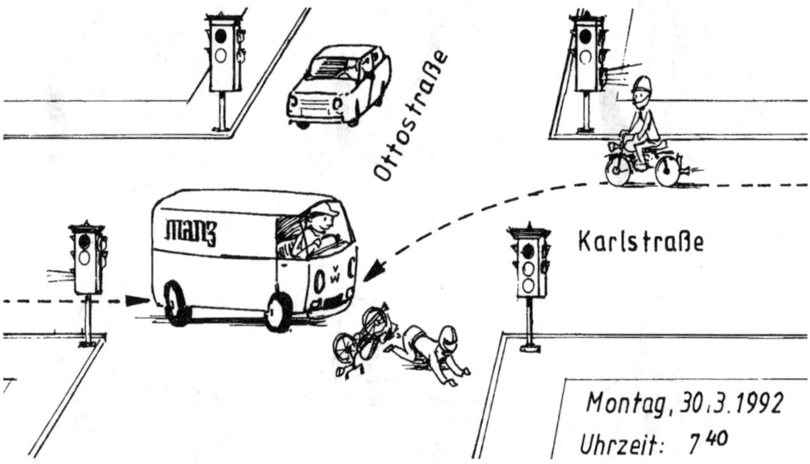

<u>Mofa:</u> <u>Marke</u> <u>Saturn</u> <u>2000</u>

Personenschaden: Prellungen, Gehirnerschütterung
Sachschaden: Lampe zerbrochen, Rahmen verschoben
Polizei, Kreiskrankenhaus, 3 Tage stationärer Aufenthalt

<u>VW-Kombi-Lieferwagen</u>

Amtl. Kennzeichen: FFB – AN 4530
Fahrer: Hubert Anzinger
Handgelenke verstaucht, leichte Kopfverletzung
Sachschaden: Blinklicht und Zierleisten beschädigt

1. **Ausgestaltung eines Erzählkerns**

   Baue den folgenden Erzählkern zu einer lebendigen Erzählung mit einem spannenden Höhepunkt aus!

   Geld auf dem Schrottplatz
   In einem Hinterhof hatte ein Schrotthändler sein Lager eingerichtet. Beim Aufschichten verrosteter Eisenteile rollte ihm plötzlich eine Blechdose vor die Füße. Sie hatte einmal zur Aufbewahrung von Kaffee gedient. Mit einem kräftigen Fußtritt wollte er die Büchse auf den Schrotthaufen befördern. Aber dabei sprang der Deckel auf und ...

   Versetze dich in die Situation des Schrotthändlers und schreibe in der Ich-Form.

2. Verfasse eine **Wegbeschreibung**.

   Der Weg ist auf der Wanderkarte orange unterlegt.

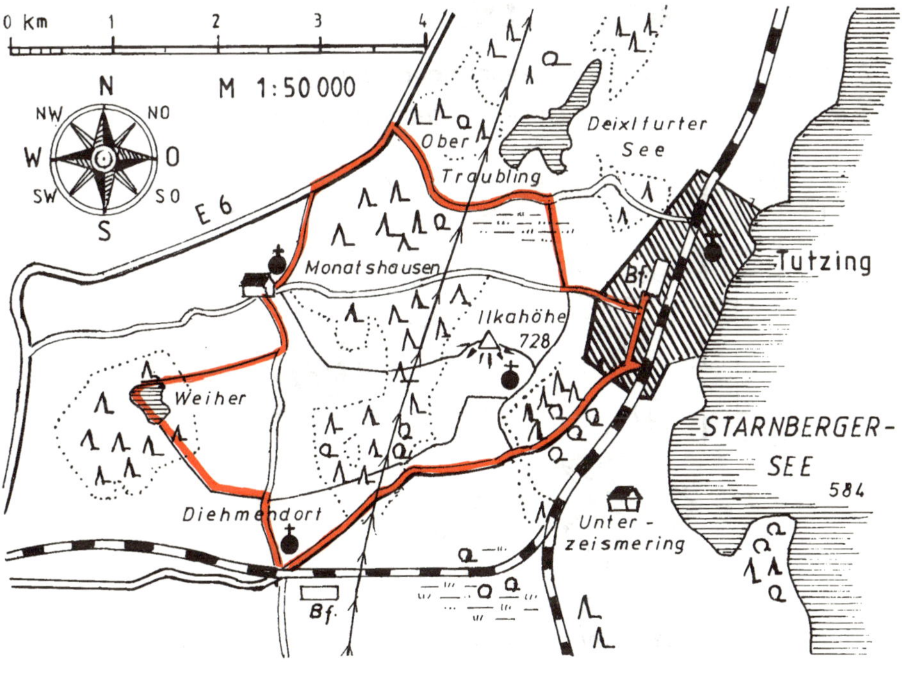

1. Verfasse eine **Spielanleitung** zum Würfelspiel „Fit mit Trimmi".

2. Schreibe eine **Vorgangsbeschreibung** zum Thema:

Wie ich eine Futterkrippe bastle

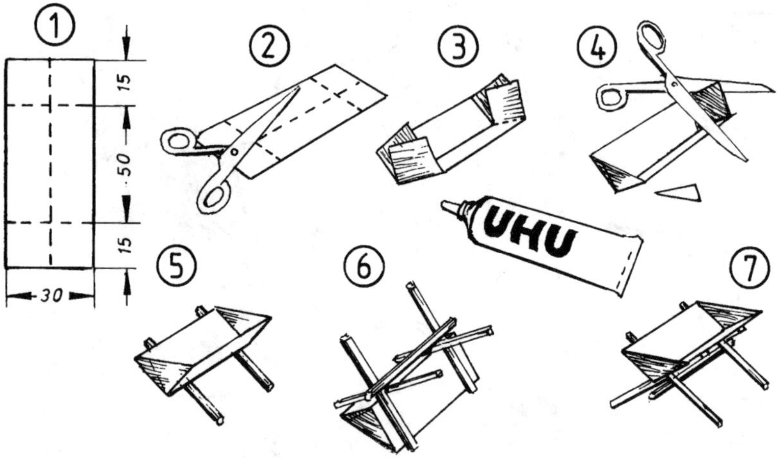

Material: Kräftiges Papier 80 × 30 / 5 Streichhölzer (Köpfe abgeschabt.)

Wie schreibe ich einen Aufsatz?

Lösungsheft

Lösungen zum 1. Kapitel:

Erlebniserzählungen

Nr. 1:

1. wie 2. mir 3. besondere
Auf jedes einzelne Wort im Thema ist zu achten.

wie:	Auf welche *Art und Weise* ist dir diese Überraschung gelungen?
mir:	Du mußt klarlegen, daß *dir* und nicht einem anderen diese Überraschung gelungen ist.
besondere:	Du mußt ausarbeiten, was *das Besondere* an dieser Überraschung ist.

Nr. 2:

Die Einleitungen Nr. 2 und Nr. 4 sind nicht geeignet, denn sie verraten bereits den Inhalt des Hauptteils. Die Spannung ist verloren. Die Beispiele 1 und 3 führen zum Hauptteil hin, ohne jedoch Wesentliches vom Hauptteil aufzuzeigen.

Nr. 3:

<u>Beispiel 1</u>

Wer?	ich, Onkel, Karl
Wo?	Kochel am See
Wann?	in den letzten Sommerferien

<u>Beispiel 3</u>

Wer?	ich, Karl
Wo?	Kochel am See
Wann?	in den letzten Sommerferien

Nr. 4:

Die Erzählschritte 2, 4 und 6 führen vom Thema weg.

Nr. 5:

Beispiele 1 und 3 sind geeignet, weil mit diesen Aussagen die Geschichte abgerundet wird. Beispiele 2 und 4 passen nicht, weil die Aussagen von der ursprünglichen Geschichte wegführen.

Nr. 6:

<u>Einleitung:</u>	Zeilen 1 – 9
<u>Hauptteil:</u>	Zeilen 9 – 54
Abschnitt 1:	Zeilen 9 – 18
Abschnitt 2:	Zeilen 18 – 24
Abschnitt 3:	Zeilen 24 – 31
Abschnitt 4:	Zeilen 31 – 45
Abschnitt 5:	Zeilen 45 – 54
<u>Schluß:</u>	Zeilen 54 – 57

<u>Hinweis:</u>

Diese Einteilung des Hauptteils ist nur ein Vorschlag. Je nachdem, wie du denkst, daß ein neuer Erzählschritt oder ein weiterer Gesichtspunkt auftaucht, erhältst du mehrere oder weniger Abschnitte.

Nr. 7:

Die Spannung beginnt ab Zeile 26: ... das sieht nicht gut aus.
Die Spannung löst sich in Zeile 49: ... es wurde wieder hell.

Nr. 8:

verbrachte, spielte, wollte, gefiel, lehnten ab, waren, stand an, beratschlagten, akzeptierten, erklärte, holte, weckte, gratulierte, drängelte, beeilte

Nr. 9:

fragen, antworten, lachen, meinen, erklären, bemerken

Nr. 10:

wissen wollen, erwidern, schmunzeln, zu bedenken geben, versprechen, wissen lassen

Lösungen zum 2. Kapitel:

Nacherzählungen

Nr. 1:

Man sollte nicht auf alle Menschen hören, ohne vorher nachzudenken.

Nr. 2:

Man handelt oft unvernünftig, wenn man es allen Menschen recht machen will.

Nr. 3:

Die Lösungsvorschläge 2, 3, 4 und 6 kommen in Frage.

Nr. 4:

2. Erzählschritt:

Vater geht zu Fuß, Sohn reitet.
2. Wanderer sagt: „Das ist nicht recht, daß du reitest, denn du hast jüngere Beine."

3. Erzählschritt:

Vater und Sohn reiten.
3. Wanderer sagt: „Das ist eine Dummheit, daß zwei auf einem so schwachen Tier reiten. Man sollte euch mit dem Stock herabjagen."

4. Erzählschritt:

Vater und Sohn gehen zu Fuß.
4. Wanderer sagt: „ Warum geht ihr alle zu Fuß? Geht es nicht leichter, wenn einer von euch reitet?"

5. Erzählschritt:

Vater und Sohn tragen den Esel.

Nr. 5:

1. Der Vater ist der stärkere.
2. der zweite Wanderer

3. mit einem Stock
4. in der Mitte (zwischen Vater und Sohn)
5. Der Vater band die vorderen Beine und der Sohn die hinteren Beine des Esels zusammen.
6. an der Straße

Nr. 6:

1. Großvater 2. Pferd 3. eine Frau 4. rechts 5. der Wanderer 6. Eisenstange

Nr. 7:

1. ..., der einen Korb in der Hand hielt, ...
2. ..., der einen Hund spazierenführte, ...
3. ..., sie wegen Tierquälerei bei der Polizei anzuzeigen.
4. ... und zogen den Esel an einem Strick hinterher.
5. Als ein Pferdefuhrwerk vorbeikam, ...
6. ..., waren sie beide sehr müde.

Nr. 8:

Die drei Söhne

Nur einer der drei Söhne, nämlich derjenige, der seiner Mutter den gefüllten Eimer heimträgt, erweist sich als echter Sohn.

Nr. 9:

Der Löwe und die Maus

Das Mäuschen zeigte sich dem Löwen gegenüber dankbar, indem es die Stricke zernagte. So konnte die unscheinbare, schwache Maus einem starken Löwen helfen.

Nr. 10:

Vom klugen Huhn

Das Huhn vertraute dem Schakal und seiner Botschaft, daß Friede sei unter allen Tieren, nicht blindlings. Durch *seine eigene List*, daß eine Meute Hunde komme, verjagte es den Schakal.

Lösungen zum 3. Kapitel:

Briefe persönlichen Inhalts

Nr. 1:

Brief 1

Paul geht bei diesem Brief besonders auf zwei Videokneipen ein. Paul beschreibt seinem Freund Hugo, einem Fernseh- und Videofan, die beiden Kneipen genauer.

Brief 2

Paul kennzeichnet in diesem Brief besonders die Gebirgslandschaft. Dabei erzählt Paul seinen Großeltern, die begeisterte Bergwanderer sind, von einer Bergwanderung zum Wankgipfel.

Brief 3

Paul geht bei diesem Brief besonders auf das Sommerskifahren ein. Er berichtet seinem Nachbarn, Herrn Schulz, einem begeisterten Skifahrer, von einem Ausflug zur Zugspitze, wo man im Juli noch Ski fahren kann.

Nr. 2:

Inhalt des Briefes an *Hugo*: Beschreibung der Videokneipen
Inhalt des Briefes an die *Großeltern*: Erzählung von einer Bergwanderung
Inhalt des Briefes an *Herrn Schulz*: Bericht von einem Ausflug auf die Zugspitze, wo man im Juli noch Ski fahren kann.

Nr. 3:

Brief 1: übertreibend und kumpelhaft
Brief 2: nett und vertraut
Brief 3: freundlich und höflich

Nr. 4:

Garmisch-Partenkirchen, 24.07.1992

Lieber Onkel Hans,
zu Deinem Geburtstag möchte ich Dir hiermit von unserer Klassenfahrt aus herzlich gratulieren. Beinahe hätte ich Deinen Geburtstag vergessen, doch meine Mutter hat

mich rechtzeitig daran erinnert. In ihrem Kalender hat sie, wie Du vielleicht weißt, alle Geburtstage von Bekannten, Freunden und Verwandten mit Rotstift eingetragen.
Hoffentlich hast Du an Deinem Geburtstag soviel Freude, wie wir hier auf unserer Klassenfahrt.
Viele Grüße, auch an Deine Familie,
von Deinem Neffen Bernhard

Nr. 5:

Zu achten ist vor allem auf die Leerzeilen und auf die Zeichensetzung.

Nr. 6:

Beispiel 1: Hinfahrt bis München im IC
Beispiel 2: Anreise; besonders Unterkunft und Verpflegung
Beispiel 3: Anreise; Unterkunft; Verpflegung; Wetter; Ausflug

Nr. 7:

Nr.	Empfänger	Gestaltungsform	Inhalt
1	Eltern	Bericht	Höhepunkt: Zugspitzfahrt
2	Freund	Erzählung	Höhepunkt: Besonderheiten am Ort
3	Tante	Beschreibung	Höhepunkt: Ausflug nach Mittenwald
4	Großeltern	Mischform von Erzählung, Bericht und Beschreibung	Höhepunkt: Ausflug in die Höllentalklamm

Nr. 8:

Beispiel 1: Bericht
Beispiel 2: Beschreibung
Beispiel 3: Erzählung
Beispiel 4: Mischform aus Bericht, Erzählung und Beschreibung

Zur Begründung vgl. die Bewertungsmerkmale für Aufsätze in diesem Lösungsheft ab S. 25.

Nr. 9:

Beispielhafte Formulierung mit eigenen Worten:

Gestern haben wir einen Ausflug nach Mittenwald gemacht. Dabei sind wir den ganzen Tag unterwegs gewesen, und ich habe mir am rechten Fuß eine Blase geholt.
Zum Ausgleich für die Anstrengung wollen wir heute das Wellenbad besuchen. Ich bin gespannt, ob wir dabei einige Freiheiten haben oder ob es so zugeht wie im Schwimmunterricht. Dort darf man nämlich immer nur das machen, was der Lehrer ausdrücklich erlaubt.
Hoffentlich haben wir morgen schönes Wetter, denn da ist die Zugspitzfahrt angesagt, der letzte Ausflug während unserer Klassenfahrt.
Bis Samstag alles Gute von Eurem
Peter

Lösungen zum 4. Kapitel:

Briefe sachlichen Inhalts

Nr. 1:

Sie unterscheiden sich stark im Ton: Werner Haube formuliert (fast) unverschämt fordernd, Fritz Klein wesentlich zurückhaltender.

Nr. 2:

Werner Haube	**Fritz Klein**
gemütlicher Aufenthaltsraum	Cafeteria
Cola	Kaffee und Tee
Fritten essen	Imbiß einnehmen
Unterhaltung	Entspannung
Glücksspielecke und Videocorner	Kartenspiele, wie Schafkopf und Skat
mit Unterstützung rechnen	um Einverständnis bitten

Nr. 3:

Sehr geehrter Herr Direktor Böhm,
auf der letzten Klassensprecherversammlung haben wir festgestellt, daß in der Schule ein gemütlicher Raum für die unterrichtsfreie Zeit fehlt.
Deshalb schlagen wir die Einrichtung einer Cafeteria vor. Darin könnten wir uns dann zu bestimmten Öffnungszeiten aufhalten und uns unterhalten, Spiele machen, leise Musik hören und anderes mehr.
Vor allem in der Mittagszeit könnten kleine Speisen und alkoholfreie Getränke von der SMV verkauft werden, damit wir nicht den weiten Weg zum Lebensmittelladen oder zur Frittenbude machen müssen.
Bestimmt lernen wir nach einer entspannenden Mittagspause leichter, besser und schneller.
Wir würden uns freuen, wenn Sie unseren Vorschlag unterstützen könnten und stehen Ihnen gerne zu einem Gespräch zur Verfügung.
Mit freundlichen Grüßen
Werner Haube, Klassensprecher der 6a

Nr. 4:

Abweichungen: ... mit *Ihrer* tatkräftigen Unterstützung. – ... von *Ihnen* als Hausherr wissen, ob *Sie* damit ... – auf *Ihre* baldige Zustimmung.

Rechtschreibregel: In Briefen werden Anredefürwörter und Höflichkeitsanreden mit großen Anfangsbuchstaben geschrieben.

Nr. 5:

1. Folgende Aussagen der *Erstfassung* sollten *durchgestrichen* werden:

   ... ~~auf der letzten Klassensprecherversammlung haben wir festgestellt, daß~~ ... – ... ~~fordern wir, daß sofort~~ ... ~~eingerichtet werden muß~~ ... – ... ~~den ganzen Tag über unbeaufsichtigt~~ ... ~~und unserem Vergnügen nachgehen~~ ... – ... ~~Fritten essen~~ ... ~~Musik hören, auf die Lehrer schimpfen oder sie loben,~~ ... – ~~Auch eine Glücksspielecke und eine Videocorner sind vorgesehen.~~ – ~~Vor allem deshalb rechnen wir mit Ihrer tatkräftigen~~ ... – ~~für eine gute Zusammenarbeit~~ ...

2. Folgende Aussagen der *Zweitfassung* sollten *unterstrichen* werden:

   ... wir möchten an unserer Schule gerne eine Cafeteria einrichten ... – Deshalb würden wir uns freuen, wenn wir Ihre Erlaubnis zur Einrichtung einer Cafeteria bekommen könnten. – ... nicht ... unkontrolliert benutzt ... Öffnungszeiten an Schultagen von 12.15 bis 14.00 Uhr und 15.30 bis 17.30 Uhr ... – Während dieser Zeit beaufsichtigt die Schülermitverwaltung (SMV) den Cafeteriabetrieb. – Außerdem legt die SMV ... usw. bis zum Satzende. – ... und Walkmen sind verboten. – ... unterstützen Sie sicherlich ... usw. bis „mit freundlichen Grüßen".

3. *Absicht,* die aus beiden Brieffassungen erkennbar wird:

   den Direktor dazu veranlassen, seine Zustimmung zur Einrichtung einer Cafeteria in der Schule zu geben.

Nr. 6:

4. Diese Gedanken könnten zur *Zustimmung zur Cafeteria* veranlassen:

   wir möchten ... gerne ... einrichten – würden wir uns freuen ... Ihre Erlaubnis ... bekommen könnten – ... nicht ... unkontrolliert benutzt ... Öffnungszeiten ... – beaufsichtigt die SMV ... – Warenangebot nach Rückfrage ... – ... sind verboten. – ... unterstützen Sie ... unsere Vorstellungen und genehmigen ... – Dafür danken wir im voraus ...

   Aussagen, die den Direktor zu einer Zustimmung zur Cafeteria veranlassen könnten, fehlen in der Erstfassung.

Nr. 7:

Sehr geehrter Herr Direktor Böhm,
auf der letzten Klassensprecherversammlung meinten zahlreiche Schüler, daß wir in unserer Schule eine Cafeteria einrichten könnten. Dies scheint sinnvoll, denn wir wissen in der unterrichtsfreien Zeit nicht so recht, wo wir uns aufhalten sollen. Die Aula ist einfach nicht gemütlich.
Hätten wir eine Cafeteria, könnte diese so benutzt werden:
Während der Mittagspause zwischen 12.15 und 14.00 Uhr nimmt der Besucher einen Imbiß und/oder einen Drink zu sich und entspannt sich dabei. Auch für die Wartezeiten auf Bahn und Bus, nämlich von 14.30 bis 17.30 Uhr ist ein Aufenthalt in der Cafeteria von Vorteil. Bei einem Karten- oder Brettspiel vergeht die Zeit doch viel schneller und angenehmer.
In jedem Fall ist die SMV bereit, für die Beaufsichtigung und die Bewirtung der Gäste zu sorgen.
Bevor wir uns noch genauer mit der Einrichtung der Cafeteria befassen, möchten wir bei Ihnen als Hausherrn anfragen, ob Sie überhaupt damit einverstanden sind, wenn in unserer Schule eine Cafeteria eingerichtet wird. Wir würden uns über Ihre baldige zustimmende Antwort sehr freuen.
Im Auftrag der Klassensprecherversammlung verbleibt
mit freundlichen Grüßen
Fritz Klein, Klassensprecher der 6b

Nr. 8:

Abschnitt 1 *berichtend* gestaltet:

Zeitform Vergangenheit – sachlich; knapp; wahr; tatsachengemäß; mit Fachbegriffen und anderen klaren Aussagen; ohne persönliche Hinweise – erst im letzten Satz wird der Übergang zur begründenden Gestaltungsart angebahnt.

Nr. 9:

Abschnitt 2 *beschreibend* gestaltet:

Zeitform Gegenwart – eindeutige, treffende und informative Aussagen; Einzelheiten werden in der richtigen Reihenfolge gebracht

Nr. 10:

Abschnitt 3 *begründend* gestaltet:

Zeitform Gegenwart – die Vorteile werden darsgestellt und überzeugend begründet; Beispiele verdeutlichen die allgemeinen Aussagen; Fürwörter wie: *denn, außerdem, somit, auch, deshalb, weil, darum* werden oft gebraucht

Nr. 11:

<u>Abschnitt 4</u> *auffordernd* gestaltet:

Zeitform Gegenwart – kurz; klar, treffend; ohne Übertreibungen; keine Abschweifungen; durch sachliche Gründe wird dem Direktor, zum Teil in kurzen Aussagesätzen, die Notwendigkeit der Cafeteria-Öffnung verdeutlicht

Nr. 12:

Zu *streichen* sind Textstellen wie z.B. „... ~~wie wir ... beschlossen haben~~" oder „... ~~setzen wir ... Zustimmung voraus.~~"

Beispielhafte Formulierung mit eigenen Worten:

Nürnberg, 18.10. 1992

Sehr geehrter Herr Böhm,
in der letzten SMV-Sitzung haben wir beschlossen, daß wir nachstehende Anfragen an Sie richten.
Sind Sie damit einverstanden, wenn wir an unserer Schule eine Cafeteria einrichten, damit es die Schüler unserer Schule in den Freistunden und Wartezeiten gemütlicher haben als bisher?
Die Leitung der Cafeteria würde die SMV übernehmen.

Nr. 13:

Unerlaubterweise durchgeführte Tätigkeiten der Schüler:

Nebenraum schon ausgeräumt – Tische und Stühle herangeschafft – Kühlschrank, ... zu besorgen – Küchenzeile schon bestellt

Beispielhafte Formulierung mit eigenen Worten:

Wir würden uns freuen, wenn Sie uns erlauben, daß wir den Nebenraum des Physiksaals für die Cafeteria nutzen dürfen. Was die vorläufige Ausstattung angeht, haben wir uns vorgestellt, daß wir überzählige Tische und Stühle aus verschiedenen Klassenzimmern holen dürfen. Darüberhinaus wäre es außerordentlich sinnvoll, wenn wir vorerst einmal einen Kühlschrank, einen Mikrowellenherd und einen Gefrierschrank aufstellen dürften. Späterhin soll zu diesen Geräten noch eine Küchenzeile hinzukommen. Haben wir einen entsprechend hohen Getränkeumsatz, stellt uns der Limohersteller sogar eine Theke mit Zapfanlage für verschiedene Limonaden zur Verfügung.
Sollten Sie, Herr Böhm, finanzielle Bedenken haben, so sind diese unnötig, denn wir haben schon einiges Geld zur Verfügung und geben bestimmt keinen Pfennig für unnütze Dinge aus.

Nr. 14:

Aussagen, die so von der SMV nicht gemacht werden dürfen:

... muß die SMV ... verdienen ... Kasse wieder voll ... – Cafeteria muß ... geöffnet sein – Das Personal ... muß ... gestellt werden. – ... müssen auch Sie ... denken.

Beispielhafte Formulierung mit eigenen Worten:

Da die Einrichtung der Cafeteria viel Geld kostet, wie Sie aus unseren Vorschlägen ersehen, ist es schon nötig, daß wieder Geld in die SMV-Kasse kommt. Dennoch sollte die Cafeteria nur während der Mittagspause von 12.15 – 14.00 Uhr und von 15.30 – 17.30 Uhr geöffnet sein. Auch die Preise für Speisen und Getränke werden nur wenig über unseren Einkaufspreisen liegen. Für Verkauf, Reinigung und andere Arbeiten steht die SMV voll und ganz zur Verfügung. Lehrer, Hausmeister und Hauspersonal werden durch die Cafeteria also nicht zusätzlich belastet – auch dann nicht, wenn wir an manchen Tagen während der Mittagspausen mit einem großen Andrang rechnen müssen und deshalb noch einige Tische und Stühle im breiten Gang vor dem Physiksaal aufstellen.

Nr. 15:

Ungehörige Aussagen:

Dieses Problem ... für Sie vom Tisch ... auf. – Deshalb sind Sie uns zu Dank verpflichtet und bestätigen Ihre Zustimmung schriftlich ... hat. – Mit den besten Grüßen

Beispielhafte Formulierung mit eigenen Worten:

Bestimmt sind Sie, ebenso wie wir, der Überzeugung, daß die Schüler in ihren Frei- und Wartezeiten nirgendwo nur „herumhängen" sollen. Deshalb ist gerade die Einrichtung einer Cafeteria eine gute Sache. Die Schüler können sich dort verköstigen, unterhalten und miteinander spielen, also ihre freie Zeit sinnvoll nutzen und gestalten. Das liegt doch sicherlich auch Ihnen am Herzen. So bringen Sie gewiß großes Verständnis für unser Anliegen auf und erlauben uns die Einrichtung der Cafeteria.

Lösungen zum 5. Kapitel:

Wegbeschreibungen

Nr. 1:

Bei der häufigen Verwendung von Richtungsangaben (links, rechts) und von Entfernungen (500 m, 700 m) besteht die Gefahr, daß ein Fremder die *Reihenfolge* dieser Informationen leicht verwechselt.

Nr. 2:

Richtungsangaben	**Entfernungen**
links	500 m
halbrechts	700 m
geradeaus	zweiten
links	200 m

Nr. 3:

	Nr.	Auffällige Merkmale	Straßennamen
Ziel	12	Abenteuerspielplatz	Berliner Straße
	11	Fichtenbaumgruppe	
	10	A E Z	Augsburger Straße
	9	Hochhäuser	
	8	Dehner-Gartenzentrum	
	7	Schafweide	
	6	Neubaugebiet	
	5	Parkplatz für Autos	Hörwegstraße
	4	Blumen Moser	
	3	Schreibwaren Maier	
	2	Fahrradabstellplatz	Schulgasse
Start	1	Kirchenschule	

Nr. 4:

Danach gehen Sie auf der Schulgasse. ...
Anschließend biegen Sie links in die Hörwegstraße ein. ...
Bald kommt die Augsburger Straße. ...
Hernach gelangen Sie zur Spange. ...
Von hier aus sieht man schon das AEZ-Gebäude. ...
Von diesem Ort aus ist es nicht mehr weit bis ...
Unweit dieser Stelle befinden sich die WWK-Hochhäuser. ...
An diesem Platz ist eine Baumgruppe zur erkennen. ...

Nr. 5:

Laufen Sie auf der Schulgasse bis zur Verkehrsampel. Anschließend *biegen* Sie nach links in die Hörwegstraße *ein*, die bis zur Augsburger Straße *führt*. Danach *erblickt* man die Spange, die man *überqueren* muß. Nach den WWK-Blöcken *taucht* die Berliner Straße *auf*. Von dort aus *erreicht* man direkt den Abenteuerspielplatz.

Nr. 6:

2: Links vom Schulweg *liegt* der Fahrradabstellplatz.
3. Rechter Hand *erkennen* Sie das Schreibwarengeschäft Maier.
4. Rechts von der Straße *sehen* Sie den Blumenladen Moser.
5. Linker Hand *befindet sich* ein großer Parkplatz.
6. Rechts *erblicken* Sie viele neugebaute Einfamilienhäuser.
7. Auf der linken Seite *weiden* Schafe auf der Wiese.
8. In der Nähe der Spange *erstreckt sich* das Dehner-Gebäude.
9. Gegenüber *sehen* Sie die hohen WWK-Hochhäuser.
10. Links von der Augsburger Straße *bemerken* Sie das AEZ.

Lösungen zum 6. Kapitel:

Beschreibungen

Nr. 1:

Der Spieler mit den schwarzen Steinen hat gewonnen. Weiß kann nicht mehr ziehen.

Nr. 2:

Eine *Mühle* setzt sich aus drei Steinen zusammen, die in einer Reihe auf einer waagrechten bzw. senkrechten Linie stehen.

Eine *Zwickmühle* entsteht, wenn eine Mühle geöffnet und dadurch gleichzeitig eine benachbarte zweite Mühle geschlossen wird.
Sobald ein Spieler eine Mühle geöffnet hat, darf dieser seinem Gegner einen beliebigen Stein wegnehmen, aber keinen aus einer schon bestehenden Mühle.

Nr. 3:

Gliederung:

I. Anzahl der Spieler II. Spielmaterial III. Spielbeginn IV. Spielverlauf
V. Spielende

Nr. 4:

Fragen zum Spielverlauf:

1. Nach dem Setzen aller neun weißen und schwarzen Steine darf man mit dem Ziehen der Steine beginnen.
2. – Punkte mit Steinen geschickterweise so besetzen, daß möglichst bald eine Mühle bzw. Zwickmühle entsteht.
   – Gegnerische Steine in ihrer Beweglichkeit einengen
   – Steine in der Mitte von Dreierreihen placieren
3. Mühle – Zwickmühle
4. Sobald eine Mühle entstanden ist, darf man seinem Gegner einen beliebigen Stein wegnehmen, aber keinen aus einer schon bestehenden Mühle.
5. Der Spielgedanke beim Mühlespiel besteht darin, dem Gegner möglichst viele Steine wegzunehmen.

Nr. 5:

Spielgedanke:

Man muß versuchen, den Tischtennisball über den Spielfeldrand oder die Tischkante zu blasen.

Nr. 6:

Spielgedanke:

Wenn man hohe Augenzahlen würfelt, kommt man auf dem Wanderweg schneller voran.

Nr. 7:

Inhalt der Büchse:

4 runde Flicken, 2 ovale Flicken, 1 Schmirgelpapier, 1 Ventilschläuchlein, 1 Tube Gummilösung

Nr. 8:

Gebrauchsanweisung:

Trockne mit einem Lappen die Lochstelle ab. Wähle einen passenden Gummiflecken aus, der die schadhafte Stelle voll abdeckt. Diese muß nun mit Schmirgelpapier zuerst aufgerauht werden. Darauf trägst du die Gummilösung dünn auf. Die Trocknungsdauer beträgt ungefähr 5 Minuten. Anschließend wird die Schutzfolie vom Gummiflicken abgezogen und der Flicken fest auf die schadhafte Stelle gedrückt.

Nr. 9:

Gliederung zum Flickvorgang:

1. Rad ausbauen
2. Schlauch aus dem Mantel herausnehmen
3. Schadhafte Stelle finden und kennzeichnen
4. Schlauch nach Gebrauchsanweisung flicken
5. Überprüfen der Dichtigkeit der geflickten Stelle
6. Schlauch zurück in Felge legen
7. Mantel wieder richtig aufziehen
8. Rad in Gabel einhängen

Lösungen zum 7. Kapitel:

Berichte

Nr. 1:

Inge:

- verwendet die wörtliche Rede
- gibt persönliche Eindrücke und Gefühle wieder
- bringt weniger Informationen zum Hergang des Unfalls

Hans:

- beschränkt sich auf das Wesentliche
- verwendet keine wörtliche Rede
- bringt genauere Informationen zum Hergang des Unfalls
- berichtet sachlich, übersichtlich und klar
- drückt keine persönlichen Gefühle und Eindrücke aus

Nr. 2:

1. Die Antwort zu dieser Frage kann aus den Texten der Schüler nicht entnommen werden.
2. Im Klassenzimmer
3. Georg und Renate
4. Anke wurde durch einen herabfallenden Splitter verletzt.
5. Georg hatte den Radiergummi geworfen und dabei eine Röhre der Deckenbeleuchtung getroffen.

Nr. 3:

Die Einleitung B gehört zu einem Bericht.

Nr. 4:

Reihenfolge: Entwurf A, Entwurf A, Entwurf B, Entwurf B

Nr. 5:

Stellen im Text, die nichts in einem Bericht zu suchen haben:

... wird gleich versuchen, hinaufzuklettern. – Ob das wohl gutgeht? – Vermutlich wollte auch er, daß ... – ..., o Schreck, ... – Wie waren wir froh, ... – Wir hatten schon befürchtet, ...

Lösungen zum 8. Kapitel:

Inhaltsangaben

Nr. 1:

Begriffe	„Ersatzwörter"
balancieren	ausgleichen
bezog	erhielt
Gewichte	Gewichtsstücke
Laib	Brot in rundlicher Form
Schwere	Gewicht
verdonnert	verurteilt
4 Pfund	2000 Gramm (zwei Kilo)

Nr. 2:

Der Bäcker wiegt, indem er die Butter auf die eine Waagschale und die Gewichte auf die andere Waagschale legt. Dabei stellt er fest, daß die Waagschale mit den Gewichten nach unten geht und die mit der Butter nach oben. Somit sind also die Gewichte schwerer als die Butter. Weil dies der Fall ist, hat die Butter keine 4 Pfund.

Nr. 3:

Der Bauer wiegt, indem er das Brot auf die eine Waagschale legt und soviel Butter auf die andere Waagschale gibt, bis beide Waagschalen im Gleichgewicht sind. Somit ist also dieButter genauso schwer wie das Brot.

Nr. 4:

Ergebnis: Es betrog nicht der Bauer den Bäcker, sondern der Bäcker wollte den Bauern betrügen.

Nr. 5:

In beiden Fällen ist der *erste* Satz zu streichen.

Einleitung:

Es spielt keine Rolle für die Geschichte, wo sie sich ereignet hat, und auch nicht, daß der Bauer ein älterer Mann war.

Schluß:

Es ist unerheblich, wie sich jede der drei Personen verhielt, noch dazu vor dem Urteilsspruch.

Nr. 6:

Einleitung:

Der [Bäcker] bezog [vom Bauern Butter] und der [Bauer vom Bäcker Brot], wie es sich gehört.

Schluß:

Der [Bäcker] wurde [freigesprochen] und der [Bäcker verdonnert.]

Die eingerahmten Wörter sind für die Geschichte besonders wichtig. In der Einleitung wird aufgezeigt, wie der Bauer und der Bäcker miteinander Geschäfte machen. Im Schluß wird dargestellt, daß der Bauer freigesprochen und der Bäcker bestraft wird. Somit rahmen Einleitung und Schluß den wesentlichen Inhalt der Geschichte ein.

Nr. 7:

Abschnitt	**Zeilen**	**Stichpunkte**
1	4 bis 7	K l a g e v o r G e r i c h t
		Jedes Butterstück soll 4 Pfund wiegen.
		Die Butterstücke werden immer leichter.
		Der Verdacht bestätigt sich durch Nachwiegen.
		Bäcker verklagt Bauern
2	8 bis 11	A n k l a g e
		Die Butterstücke sind zu leicht.
		Sie wiegen viel weniger als 4 Pfund.
3	12 bis 16	V e r t e i d i g u n g
		Der Bauer bestreitet, daß die Butterstücke zu leicht
		sind.
		Der Richter meint, daß die Gewichte vielleicht nicht
		stimmen.

Abschnitt	Zeilen	Stichpunkte
4	17 bis 25	S o w i e g t d e r B a u e r
		Das Vierpfundbrot kommt auf die eine Waagschale.
		Dann wird soviel Butter auf die andere Waagschale
		gegeben, bis sich beide Waagschalen im Gleichgewicht
		befinden. Brot und Butter sind also gleich schwer.
		Hat die Butter keine 4 Pfund, so hat das Brot auch keine
		4 Pfund.
5	26 bis 27	D a s U r t e i l
		Der Bauer wird freigesprochen, der Bäcker verurteilt.

Nr. 8:

In eine Inhaltsangabe gehören nicht:

die Ich-Form – die wörtliche Rede – zusätzliche Erfindungen

Nr. 9:

~~tüchtiger~~ Bäckermeister – ~~einem alten Schlaumeier~~ – ~~Kuchen und Torten~~ – ~~„He, Bauer, du lieferst mir~~ viel zu wenig Butter für mein Brot ~~und meine Backwaren! Du bist ein alter Gauner!"~~ – ~~unverschämten~~ Betrüger – und ~~erwarte einen hohen~~ Schadenersatz.

Nr. 10:

... Als Gegenleistung erhält der Bauer vom Gewicht her soviel Brot, wie er dem Bäcker an Butter liefert.
Über die Zeit hinweg gewinnt der Handwerker den Eindruck, daß der Landwirt weniger Butter liefert, als er Brot erhält. Beim Nachwiegen verschiedener Butterlieferungen bestätigt sich dieser Verdacht.

Nr. 11:

Ja, die wörtliche Rede kann hier weggelassen werden, denn durch die Aussage „stelle ich den Bauern zur Rede: ..." wird bereits darauf hingewiesen, daß ein Gespräch zwischen beiden stattgefunden hat. Außerdem enthält die wörtliche Rede Erfindungen, die sowieso entfallen müssen.

Nr. 12:

Die Umarbeitung der wörtlichen Rede ist zwar möglich, hier aber nicht nötig, wie eben schon aufgezeigt wurde (vgl. Nr. 11).

Nr. 13:

1. Der Richter sagte, daß die Butterstücke des Bauern nicht die erforderliche Schwere haben sollten.
2. Der Bauer sagte zum Richter, daß das ausgeschlossen sei, denn er habe jedes Mal nachgewogen.
3. Das Bäuerlein antwortete, daß es keine Gewichte habe und auch keine brauche.
4. Der Bauer erwiderte, daß das ganz einfach sei ...

Nr. 14:

gab ihm recht:	bestätigte; zeigte, daß er recht hatte; bestärkte ihn; ...
verklagte:	klagte an; zog vor Gericht; reichte Klage ein; beschuldigte vor Gericht; zeigte vor Gericht an; ...
Laib Brot:	Brot in rundlicher Form; geformtes Brot
balancieren:	ausgleichen; das Gleichgewicht herstellen; auswiegen; ...
wies ... vor:	zeigte, legte ... vor; ...
ist ausgeschlossen:	ist nicht möglich, ist unmöglich; ist nicht der Fall; ist nicht zutreffend, ist unzutreffend; ...
kriege:	bekomme; erhalte; wird geliefert; gibt mir; ...
aufs Haar genau:	exakt; ebenso; aufs Gramm genau; absolut; ...

Nr. 15:

Richter:	Jurist, Rechtsgelehrter, Rechtsprechender, ...
Bauer:	Bäuerlein, Landwirt, Landmann, hier: Butterlieferant
Bäcker:	Bäckermeister, Meister, Handwerker, hier: Brotlieferant
Brot:	Laib, Backprodukt, ...
freigesprochen:	einen Freispruch erhalten, nicht verurteilt werden, ohne Strafe ausgehen, ...
verurteilt:	verdonnert, bestraft, nicht freigesprochen werden, eine Strafe erhalten, büßen müssen, ...

Nr. 16:

wir geben – er gräbt – sie pfeifen – er heißt – wir lachen – er liegt – ich laufe – es meint – sie streiten – er trifft – es trägt sich zu – wir verklagen – ich verliere – er zwingt mich – sie wütet – du wirfst – er lügt

Nr. 17:

Ein Bäcker ... (1 bis 7) – Der Richter ... (8 bis 11) – Dagegen wehrt ... (12 bis 24) – Das Ergebnis ... (24 bis 25) – Somit ist ... (26 bis 27)

Nr. 18:

Zeilen 1 bis 3: Ein Bauer beliefert einen Bäcker mit Butter und erhält dafür das gleiche Gewicht an Brot.

Zeilen 4 bis 7: Der Bäcker schöpft den Verdacht, daß das Gewicht der Butterstücke zu gering sei. Bei häufigerem Nachwiegen bestätigt sich dieser Verdacht, und der Meister verklagt seinen Lieferanten.

Zeilen 8 bis 11: Im Gerichtssaal gibt der Richter dem Bäcker recht, denn der Richter hat das Butterstück selbst nachgewogen.

Zeilen 17 bis 23: Nun läßt sich der Rechtsgelehrte vom Bauern erklären, wie man ohne Gewichte wiegen kann. Legt man auf die eine Waagschale den Vierpfundlaib, meint der Landmann, und auf die andere Waagschale soviel Butter, bis das Gleichgewicht besteht, so ist auch die Butter vier Pfund schwer.

Zeilen 26 bis 27: Da durchschaut der Richter das falsche Spiel des Bäckers und verurteilt ihn, während er den Bauern freispricht.

Nr. 19:

der ~~wütende~~ Bäckermeister – der ~~freundliche~~ Richter – dem ~~lächelnden~~ Bauern – eine ~~glänzende~~ Schale – das ~~hellgelbe~~ Butterstück – das ~~knusprig gebackene~~ Brot – ~~nahrhafte~~ Brote

Die Satzanfänge sind abwechslungsreich gestaltet, denn nur das Wort „als" kommt als Satzanfang zweimal vor.

Neuformulierung des Satzes ab Zeile 10:

Er legt ein Vierpfundbrot des Bäckers auf die eine Schale einer Balkenwaage. Das von ihm gelieferte Butterstück gibt er auf ihre andere Schale. Dabei zeigt sich, daß die Butter das gleiche Gewicht hat wie das Brot.

Nr. 20:

1. ja 2. ja 3. nein 4. wenige 5. ja 6. immer 7. immer

Nr. 21:

Der Originaltext ist in die drei Teile Einleitung, Hauptteil und Schluß gegliedert. Die Gliederung der Inhaltsangabe geht am Anfang und am Ende über diese Gliederung hinaus. In der „Hinführung" wird der Leser oder Hörer auf die Inhaltsangabe vorbereitet. Dazu bieten sich die im Buch auf S. 128 genannten Gedanken an. In der „Abrundung" wird die Inhaltsangabe für den Leser oder Hörer abgeschlossen. Dazu bieten sich die im Buch auf S. 129 genannten Gedanken an.

Nr. 22:

Die angegebenen Begriffe sind in der nachstehenden Reihenfolge einzutragen:

durchgearbeitet – Zusammenhänge – wichtigen – Aussagen – erfunden – gerafften – eigenen Worten – wörtliche Rede – Eigenschaftswörter – Satzbau – Hinführung – Abrundung

Nr. 23:

1. Ein Mann reitet auf seinem Esel und läßt den Buben zu Fuß nebenher laufen.
2. Der Sohn reitet auf dem Esel, und der Vater geht zu Fuß nebenher.
3. Beide, Vater und Sohn, reiten auf dem Esel.
4. Alle drei, Vater, Sohn und Esel, gehen zu Fuß; der Esel läuft in der Mitte.
5. Vater und Sohn tragen den Esel an einem Baumpfahl auf den Schultern heim.

Schluß: Soweit kann's kommen, wenn man es allen Leuten will recht machen.

Nr. 24:

Der auffälligste Unterschied: Inhaltsangabe in der Zeitform der Gegenwart vorgetragen, Nacherzählung in der Zeitform der Vergangenheit geschrieben.

Nr. 25:

Inhaltsangabe	**Nacherzählung**
Hinführung	Einleitung
Sachsprache (neutral, nüchtern)	Erzählsprache (anschaulich, spannend und lebendig)
nur wesentliche Inhalte	inhaltliche Ausschmückungen möglich
Abrundung	Schluß
wichtigste Situationen ausarbeiten	Erzählschritte ausführen
keine zusätzlichen Gedanken	zusätzliche Gedanken am Anfang und am Ende
nicht-wörtliche Rede	wörtliche Rede

Wie werden Aufsätze bewertet?

Bei der ziffernmäßigen Benotung eines Probe- bzw. Prüfungsaufsatzes gibt es unterschiedliche Modelle und Bewertungsmaßstäbe, die aber schwerpunktmäßig an Gestaltungsaufgaben zu *Inhalt* und *Sprache* orientiert sein sollten. In diesem Kapitel werden deshalb mögliche Beurteilungsmerkmale für die in diesem Buch vorkommenden Aufsatzarten vorgestellt. Diese *Richtlinien* sind auch die Grundlage für die Bewertung von Prüfungsaufsätzen bei der *Aufnahmeprüfung* in weiterführende Schulen. Somit erhältst du hier zusätzlich wichtige Hinweise, worauf du beim Schreiben eines Aufsatzes achten mußt.

1 Wie wird eine Bildergeschichte beurteilt?

I. Gestaltungsaufgaben zum Inhalt

1. Hast du den Inhalt der Bilder ausführlich und richtig beschrieben? 2 P.
2. Hast du eventuell fehlende Gliederungspunkte (Einleitung, Übergänge, Schluß) knapp und zum Inhalt passend erzählt? 1 P.
3. Ist der Sinn der Geschichte (Pointe) richtig wiedergegeben? 2 P.
4. Hast du auf wichtige Einzelheiten in der Geschichte geachtet? 1 P.
5. Wird die Bilderfolge lückenlos erzählt und werden Gedankensprünge vermieden? 1 P.

II. Gestaltungsaufgaben zur Sprache

Eine Bildergeschichte soll lebendig und spannend erzählt werden, damit der Leser das Geschehen miterleben kann.

1. Hast du die wörtliche Rede verwendet, besonders beim Höhepunkt? 1 P.
2. Werden die Gefühle und Gedanken der Personen dargestellt? 1 P.
3. Verwendest du in der Erzählung ausdrucksstarke Begriffe wie z.B. Eigenschafts-, Zeit- und Ausrufewörter? 1 P.
4. Ist der Spannungsaufbau der Bilderfolge richtig dargestellt: Steigerung der Spannung – lebendiges Erzählen am Höhepunkt – Abklingen der Spannung? 2 P.
5. Ist der sprachliche Ausdruck vielseitig und abwechslungreich gestaltet (Treffsicherheit der Wortwahl, Wechsel der Satzanfänge)? 1 P.
6. Ist die Erzählvergangenheit eingehalten (Zeitenfolge!)? 1 P.

III. Gestaltungsaufgaben zur Form

1.	Hast du leserlich geschreiben und häufiges Durchstreichen vermieden?	1 P.
2.	Hast du auf die richtige Schreibweise der Wörter geachtet?	1 P.
		16 P.

2 Wie wird eine Erlebniserzählung bewertet?

I. Gestaltungsaufgaben zum Inhalt

1.	Wird das Thema richtig erfaßt, genau getroffen?	2 P.
2.	Ist der Handlungsablauf *eines* Erlebnisses vollständig und wahrheitsgetreu dargestellt worden?	1 P.
3.	Kommen in der Erzählung keine inhaltlichen Lücken vor?	2 P.
4.	Enthält der Hauptteil Erzählschritte, die inhaltlich nicht zum Thema passen?	1 P.
5.	Führt die Einleitung zum Erlebnis hin? Rundet der Schluß die Erzählung ab, und besteht eine Verbindung zur Einleitung?	1 P.

II. Gestaltungsaufgaben zur Sprache

1.	Ist der Spannungsbogen in der Geschichte erkennbar?	
	Führen die Erzählschritte durch Steigerung zum Höhepunkt?	1 P.
	Kommt die anschauliche Bedeutung des Höhepunktes heraus?	1 P.
	Fällt nach dem Höhepunkt die Spannung langsam ab?	1 P.
2.	Wird die Erzählung lebendig und spannend dargestellt:	
	– durch den gezielten Einsatz der wörtlichen Rede?	1 P.
	– durch treffende Eigenschafts-, Zeit- und Ausrufewörter?	1 P.
	– durch Darstellen der Gefühle und Gedanken von Personen?	1 P.
3.	Hast du den sprachlichen Ausdruck abwechslungsreich und vielseitig gestaltet?	1 P.
4.	Ist die Erzählvergangenheit durchgehalten worden?	1 P.
5.	Kommen keine schwerwiegenden Fehler im Satzbau vor?	1 P.
		16 P.

3 Wie wird eine Nacherzählung beurteilt?

I. Gestaltungsaufgaben zum Inhalt

1.	Ist der Handlungsablauf vollständig nacherzählt worden?	2 P.
2.	Kannst du den Sinn der Geschichte richtig wiedergeben?	2 P.
3.	Hast du keine Erzählschritte vergessen?	1 P.
4.	Hast du wichtige Einzelheiten und Begriffe erwähnt?	1 P.
5.	Hast du etwas hinzuerfunden oder inhaltlich hinzugefügt?	1 P.

II. Gestaltungsaufgaben zur Sprache

1.	Kamen treffende und passende Ausdrücke zum Einsatz?	1 P.
2.	Wird sprachrichtig erzählt (Grammatik – Satzbau)?	2 P.
3.	Hast du die Nacherzählung mit eigenen Worten in der richtigen logischen Reihenfolge gestaltet?	2 P.
		12 P.

4 Wie wird eine Reizwortgeschichte bewertet?

I. Gestaltungsaufgaben zum Inhalt

1.	Ist durch die Überschrift das Thema getroffen worden?	2 P.
2.	Passen die Erzählschritte inhaltlich zu den Reizwörtern?	2 P.
3.	Ist die Darstellung einer Begebenheit folgerichtig?	1 P.

II. Gestaltungsaufgaben zur Sprache

Es gelten die Merkmale der Erlebniserzählung.

1.	Sind treffende Wörter und Ausdrücke verwendet worden?	1 P.
2.	Wird Spannung erzeugt durch die wörtliche Rede?	1 P.
3.	Werden die Gedanken und Gefühle der Personen ausgedrückt?	1 P.
4.	Kommt der Spannungsbogen mit Höhepunkt zum Tragen?	1 P.
5.	Wird als Zeitform die 1. Vergangenheit gebraucht?	1 P.
6.	Ist sprachrichtig und ausdrucksstark erzählt worden?	2 P.
		12 P.

5 Wie wird eine Fortsetzungsgeschichte beurteilt?

Zu beachten ist: Der vorgegebene Teil der Geschichte soll so weitererzählt werden, als habe sie sich wirklich zugetragen. Der Hauptteil, der an die vorgegebene Einleitung anschließt, muß aus dieser herauswachsen. Einleitung, Hauptteil und Schluß sollen bei dieser Form der Erlebniserzählung eine Einheit bilden. Auch für die Fortsetzungsgeschichte gelten die Gestaltungsmittel der *Erlebniserzählung*.

I. Gestaltungsaufgaben zum Inhalt

1. Sind Anfang und Fortsetzung der Geschichte sinnvoll und folgerichtig zusammengefügt? 2 P.
2. Ist insgesamt das Thema getroffen? Entspricht das Ende des Aufsatzes auch der gewählten Überschrift? 2 P.

II. Gestaltungsaufgaben zur Sprache

1. Ist der offene Teil der Geschichte mit Hilfe eigener Einfälle lebendig und phantasievoll gestaltet worden? 2 P.
2. Werden sprachliche Gestaltungsmittel eingesetzt:
   - Einleitung – Spannungsbogen (Höhepunkt) – Schluß? 2 P.
   - Treffende und abwechslungsreiche Wortwahl? 1 P.
   - Wechsel der Satzanfänge, Vermeiden von Wiederholungen? 1 P.
   - Wörtliche Rede, Gedanken und Gefühle der Personen? 1 P.
   - Richtiger Satzbau, gleiche Zeitstufe (1. Vergangenheit)? 1 P.

12 P.

6 Wie wird ein persönlicher Brief bewertet?

I. Gestaltungsaufgaben zum Inhalt

1. Hast du deine Interessen und die des Empfängers berücksichtigt? 1 P.
2. Hast du dein persönliches Verhältnis zum Empfänger bedacht und entsprechende Eindrücke angesprochen oder herausgestellt? 2 P.
3. Wurde ein besonderes Ereignis in den Mittelpunkt gestellt? 1 P.
4. Bist du bei einer Gestaltungsform geblieben oder hast du verschiedene Gestaltungsformen gemischt? 1 P.
5. Wurden die Inhalte gebracht, auf die es dir ankommt? 1 P.
6. Hast du im Brief auf einen bestimmten Höhepunkt hingearbeitet? 1 P.

II. Gestaltungsaufgaben zur Sprache

1.	Hast du in einem freundlichen, neutralen oder abweisenden Stil geschrieben?	1 P.
2.	Sind Anrede und Gruß passend?	1 P.
3.	Sind die Merkmale der jeweiligen Gestaltungsform berücksichtigt, z.B. a) erzählend: wörtliche Rede, Vergangenheit? b) berichtend: sachliche Sprache, Vergangenheit? c) beschreibend: klare, sachliche Sprache, kurze Sätze, Gegenwart?	2 P.
4.	Wurde bedacht, daß die Spannung gesteigert werden soll?	2 P.
5.	Kommt der Höhepunkt in deinem Brief deutlich heraus?	2 P.
6.	Hast du deine Aussagen vorteilhaft und ohne Widersprüche miteinander verbunden?	2 P.
7.	Sind die Sätze abwechslungsreich und sprachlich richtig formuliert und geschickt miteinander verbunden?	2 P.

III. Gestaltungsaufgaben zur Form

1.	Wurden Anredefürwörter und Höflichkeitsanreden mit großem Anfangsbuchstaben geschrieben?	1 P.
2.	Hast du den Briefbogen formgerecht gestaltet?	1 P.
3.	Wurden die bei den Briefen üblichen Satzzeichen gesetzt?	1 P.
4.	Sind Anrede, Ort, Datum und Gruß, Unterschrift angegeben worden?	1 P.
5.	Ist der Brief auch im Hauptteil untergliedert?	1 P.
		24 P.

7 Wie wird ein sachlicher Brief beurteilt?

I. Gestaltungsaufgaben zum Inhalt

1.	Hast du deine Interessen gut zur Geltung gebracht?	1 P.
2.	Hast du einen persönlichen Abstand zum Empfänger hergestellt?	2 P.
3.	Wurde der Empfänger soweit wie nötig informiert?	1 P.
4.	Bist du bei einer Gestaltungsform geblieben oder hast du mehrere Gestaltungsformen verwendet?	1 P.
5.	Sind deine Forderungen im Brief angemessen?	1 P.
6.	Forderst du den Empfänger am Briefende zu einer Handlung auf?	1 P.

II. Gestaltungsaufgaben zur Sprache

1.	Hast du in einer angemessenen Ausdrucksweise geschrieben?	1 P.
2.	Sind Anrede und Gruß passend?	1 P.

3. Sind die Merkmale der jeweiligen Gestaltungsform berücksichtigt, z.B.
   a) berichtend: sachliche Sprache, Vergangenheit?
   b) beschreibend: klare, sachliche Sprache, kurze Sätze, Gegenwart? 2 P.
4. Wurden deine Gründe für den Brief deutlich dargestellt? 2 P.
5. Wird der Empfänger zu einer Antwort aufgefordert? 2 P.
6. Hast du deine Aussagen vorteilhaft und ohne Widersprüche miteinander verbunden? 2 P.
7. Sind die Sätze abwechslungsreich und sprachlich richtig formuliert und geschickt miteinander verbunden? 2 P.

III. Gestaltungsaufgaben zur Form

1. Wurden Anredefürwörter und Höflichkeitsanreden mit großem Anfangsbuchstaben geschrieben? 1 P.
2. Hast du den Briefbogen formgerecht gestaltet? 1 P.
3. Wurden die bei Briefen üblichen Satzzeichen gesetzt? 1 P.
4. Sind Anrede, Ort, Datum und Gruß, Unterschrift angegeben worden? 1 P.
5. Ist der Brief auch im Hauptteil untergliedert? 1 P.

24 P.

8 Wie wird eine Beschreibung bewertet?

I. Gestaltungsaufgaben zum Inhalt

1. Sind deine Aussagen genau und eindeutig? 2 P.
2. Werden Einzelheiten benannt und Fachausdrücke verwendet? 2 P.
3. Ist der Hauptteil gegliedert, z.B. in der Kopf-Schwanz-Richtung? 1 P.
4. Ist die Beschreibung vollständig? 1 P.
5. Sind die Einzelschritte in der tatsächlichen Reihenfolge dargestellt? 1 P.

II. Gestaltungsaufgaben zur Sprache

1. Hast du auf eine klare und sachliche Sprache geachtet? 2 P.
2. Ist deine Beschreibung streng informativ (ohne unnötige Ausschmückungen)? 2 P.
3. Hast du treffende Ausdrücke verwendet, die wörtliche Rede vermieden? 1 P.
4. Hast du den Aufsatz in der Gegenwartsform verfaßt? 1 P.
5. Sind Ausdruck und Satzanfänge abwechslungsreich gestaltet? 1 P.
6. Führt die Einleitung zur Beschreibung hin, und rundet der Schluß sie abschließend ab? 2 P.

16 P.

9 Wie wird ein Bericht beurteilt?

I. Gestaltungsaufgaben zum Inhalt

1.	Hast du den Verlauf eines Ereignisses tatsachengemäß festgehalten?	2 P.
2.	Ist der Inhalt des Geschehens sachlich und knapp dargestellt worden?	2 P.
3.	Hast du den Inhalt des Vorfalls durch die W-Fragen erschlossen: wer?, wo?, wann?, wie?, was?, (gegebenenfalls) warum?	2 P.

II. Gestaltungsaufgaben zur Sprache

1.	Hast du auf klare und sachliche Ausdrücke in einfachen und leicht verständlichen Sätzen geachtet?	2 P.
2.	Hast du treffende Fachbegriffe, klärende Eigenschaftswörter und passende Zeitwörter verwendet?	2 P.
3.	Hast du es unterlassen, Vermutungen zu äußern, und sind persönliche Stellungnahmen und Gefühlsäußerungen vermieden worden?	1 P.
4.	Ist der Bericht in der 1. Vergangenheit abgefaßt?	1 P.
5.	Hast du auf abwechslungsreiche Gestaltung der Satzanfänge geachtet und unnötige Wiederholungen vermieden?	1 P.
6.	Ist dein Bericht sprachrichtig (Satzbau, Grammatik, Satzzeichen) abgefaßt?	1 P.
		14 P.

10 Wie wird eine Inhaltsangabe bewertet?

I. Gestaltungsaufgaben zum Inhalt

1.	Hast du der Geschichte alle wichtigen Informationen entnommen?	1 P.
2.	Hast du alle wesentlichen sachlichen Zusammenhänge erkannt?	1 P.
3.	Wurden wichtige Begriffe und Einzelheiten erfaßt?	1 P.
4.	Hast du den wesentlichen Sinn der Geschichte wiedergegeben?	2 P.
5.	Wurde der wesentliche Inhalt in geraffter Form dargestellt?	1 P.
6.	Hast du etwas dazuerfunden oder inhaltlich etwas dazugefügt?	1 P.
7.	Kann man deine Meinung zur Geschichte erkennen?	1 P.

II. Gestaltungsaufgaben zur Sprache

1.	Kannst du deine Hervorhebungen oder Notizen als Stichpunktsammlung verwenden?	1 P.

2. Hast du die Aussagen der Geschichte ohne Wortwiederholungen sprachlich richtig gerafft? 2 P.
3. Wurden treffende und passende Begriffe abwechslungsreich von dir verwendet? 2 P.
4. Hast du die „Ich-Form" vermieden und auch auf die wörtliche Rede verzichtet? 2 P.
5. Hast du die Inhaltsangabe mit eigenen Worten verfaßt? 2 P.
6. Stehen die Zeitwörter in der Gegenwart? 1 P.
7. Sind die Gedanken abwechslungsreich und sprachlich richtig formuliert und geschickt miteinander verbunden? 2 P.
8. Ist deine sprachliche Darstellung logisch nachvollziehbar? 1 P.
9. Sind in deiner Inhaltsangabe Hinführung, Hauptteil und Schluß klar erkennbar? 1 P.

III. Gestaltungsaufgaben zur Form

1. Ist deine Inhaltsangabe knapp und übersichtlich dargestellt? 1 P.
2. Wie sieht es mit der Rechtschreibung aus? 1 P.

24 P.